Nicole de Buron a été journaliste avant de se tourner vers l'écriture. Elle est l'auteur de plusieurs comédies écrites pour le cinéma, dont *Erotissimo* et *Elle court, elle court, la banlieue*, ainsi que de feuilletons télévisés, notamment la série tirée de son livre *Les saintes chéries*. Débordants d'humour et de verve satirique, ses romans, parmi lesquels *Qui c'est, ce garçon ?*, *Mais t'as tout pour être heureuse !* et *Chéri, tu m'écoutes ?*, ont conquis un très large public.
Mariée et mère de deux enfants, elle se partage entre Paris et les Corbières, où elle exploite un domaine agricole.

DOCTEUR,
PUIS-JE VOUS VOIR...
AVANT SIX MOIS ?

DU MÊME AUTEUR
CHEZ POCKET

CHÉRI, TU M'ÉCOUTES ?... ALORS RÉPÈTE CE QUE JE VIENS DE DIRE

MON CŒUR, TU PENSES À QUOI ?... À RIEN

NICOLE DE BURON

DOCTEUR, PUIS-JE VOUS VOIR... AVANT SIX MOIS ?

PLON

ISBN 2-266-13597-X

1

Le 14 janvier 2000, 5 h 15 du matin
à la Micoulette.

Vous traversez la terrasse du soleil levant (mais il dort encore, lui) en tenue de travail (chemise de nuit/pilou ; vieille robe de chambre/laine des Pyrénées rose ; pantoufles trouées). Vos trois chiens-loups gambadent gaiement autour de vous, dans la nuit qui faiblit. Vous respirez à fond l'air frais et d'une pureté extraordinaire, débordante d'une joyeuse et féroce énergie.

Il y a des matins dans la vie où rien ne vous avertit des emmerdements qui vont s'abattre sur vous. Et durer parfois des jours, des mois, et même des années. (Si ! Si ! des années !)

Vous ouvrez la porte de votre immense bureau (ex-bergerie, 300 moutons) que vous adorez. Vous avez à relire votre dernier livre : *Mon cœur, tu penses à quoi ?... à rien !* qui fait rire votre éditrice. Vous cliquez le bouton pour éclairer la grande lampe italienne en bois sculpté, posée sur la table de monastère au pied de l'escalier (dix-huit marches).

La lumière ne s'allume pas.

Clic-Clac. Clic-clac. Clic-clac. Rien à faire. Vous êtes dans un noir très noir. Noir de la nuit. Noir de votre bergerie-bureau.

Et merde !

Vous savez ce qui se passe. Vous ne songez pas une seconde que l'ampoule électrique a sauté. Non. C'est Clémentine (Apolline a pris sa retraite) qui, hier, pour passer l'aspirateur, a débranché la prise de la lampe.

Et ne l'a pas rebranchée.

Vous avez remarqué que c'est une manie traîtresse chez les femmes de ménage. En tout cas les vôtres. A Paris, depuis seize ans qu'elle travaille chez vous, Palmyra, elle non plus, ne remet jamais les lampes en état de marche. Vous les avez menacées toutes les deux (Clémentine et Palmyra) de leur retirer la moitié de leur salaire en fin de mois.

Ah mais !

Elles vous ont écoutée en gloussant de rire. Elles savent bien que vous ne le ferez pas. Et vous ne le faites pas, en effet.

Mais ce n'est pas vous, dont le Papa a été cité à l'ordre de l'armée française comme « officier d'une bravoure légendaire... », qui allez vous dégonfler.

Vous avancez le pied droit en tâtonnant doucement. Ah ! première marche. OK. Vous la descendez avec précaution... Pied gauche et deuxième marche. Bravo !... Troisième marche...

Par un prodige inouï, il n'y a pas de troisième marche !... (au secours, Papa !). Vous flottez dans le vide et dans le noir et, BADABOUM, vous tombez sur la tête, 1,70 mètre plus bas sur le carrelage rouge et bien ciré.

Instinctivement vous vous mettez en boule, les mains sur le crâne, et roulez comme un ballon de football à travers l'immense bureau.

Vous pensez calmement (si, si, calmement ! Vous le jurez sur l'honneur des Buron) :

— Je vais mourir. Au fond, ce n'est pas si dur !

Votre course folle est arrêtée par un des pieds de la troisième table de monastère, aussi grande que les deux autres également recouvertes d'un incroyable fouillis de papiers.

Vous restez immobile, toujours en boule, cinq bonnes minutes. Osant à peine respirer. Après une chute pareille, puisque apparemment vous n'êtes pas morte, tous vos os doivent être un patchwork de milliers de morceaux.

Vous tournez très doucement la tête à droite.

Aucune douleur.

Vous tournez très doucement la tête à gauche.

Aucune douleur.

Miracle ! Miracle !

Merci Papa ! Merci petit Jésus ! Merci Madame la Chance !

Pas si vite ! Vous n'avez pas encore vérifié l'état de vos jambes.

Vous vous accrochez des deux mains au bord de chêne épais de la table et, dans un héroïque effort, vous vous hissez debout.

Toujours aucune douleur.

Cette fois vous décidez d'aller faire un pèlerinage de remerciement à Notre-Dame-de-Buron. Vous allez même vous inscrire comme porteuse de la sainte statue, le jour de sa fête (premier dimanche des vendanges), où on lui fait grimper la dure côte qui monte aux quelques vieilles pierres qui restent du château fort.

Ho ! Ho ! Attention !... Vous ressentez quand même quelques points douloureux (cuisse gauche, abdomen, dos, et surtout genou droit). Bon, supportables. Juste la sensation, qui se précise, que votre corps tout entier est meurtri, et votre cervelle transformée en meringue (embêtant pour un écrivain).

Vous allumez vos trois lampes italiennes et vous vous asseyez précautionneusement dans le fauteuil de la table du milieu (notes pour le livre en écriture et peut-être les suivants, piles de lettres à répondre, dossiers « à classer » et factures urgentes à payer — depuis trois mois).

Une idée s'agite dans l'arrière de votre tête, grignotant comme un loir (il y en a partout chez vous) vos bouquins préférés dans la bibliothèque de ceux que vous ne prêtez pas (un livre prêté ne revient jamais).

Qu'êtes-vous en train d'oublier ?

Tout simplement que vous rentrez ce soir à Paris. Vous avez même déjà retenu votre place dans le petit avion direct Carcassonne-Paris. Votre chère éditrice Muriel attend votre manuscrit goulûment (du moins, vous l'espérez).

Mais ne serait-ce pas plus raisonnable d'aller

auparavant consulter le médecin de Castelbrac ? Il est très bien, le docteur B. de Castelbrac. Malgré sa décision de ne travailler qu'un jour sur deux. Les mardi, jeudi, samedi. Les lundi, mercredi, vendredi, son associée — ou est-ce son épouse ? — assure le relais. Une femme ! Mais vous êtes féministe, non ? Absolument, mais voilà deux ans que vous avez juré sur la tête de Melchior, votre chat adoré, hélas mort écrasé sur votre petite route par une voiture parisienne (Parigot, tête de veau !), que vous n'iriez plus jamais voir une toubiba *.

Vous avez une manie, vous aussi (en fait, vous en avez plein).

Quarante-huit heures avant de remettre votre dernier manuscrit terminé à Muriel, affolée à l'idée d'avoir répété trois fois le mot « truc » dans la même page, comme certain critique littéraire fort connu (dont, lâchement, vous ne citerez pas le nom de peur d'une féroce riposte), vous relisez votre roman à voix haute, avec une terrible concentration. (D'accord, vous imitez Flaubert. Mais cela vaut mieux que singer Démosthène ou Bernard Tapie, non ?) Ce travail vous prend vingt-quatre heures pendant lesquelles vous ne bougez pas de votre fauteuil, vous décrochez votre téléphone, vous ne mangez rien, vous ne dormez plus.

Résultat : en relisant votre avant-dernier bouquin (*Mon cœur, tu penses à quoi ?... à rien*) vous avez attrapé une paraphlébite. Vous rentrez à Paris avec. Une copine vous donne le

* Mot employé en Afrique du Nord au temps de la « belle » colonisation française.

téléphone de son angiologue (angio... quoi ? C'est la première fois que vous entendez ce mot. Vous vérifiez dans le Vidal des familles. C'est bien ça), vous obtenez un rendez-vous immédiat (votre copine est chef de cabinet d'un ministre). Adresse de la toubiba : avenue Foch. Oh ! là, là ! Elle doit être extrêmement chère, cette an-gio-lo-gue ! En effet. Appartement somptueux. Doctoresse (Madeleine Grelot) extrêmement élégante. Silhouette de rêve. Taille 38. Ensemble boutique Saint Laurent ou Jean-Paul Gaultier. Ongles extrêmement longs, taillés très pointus, recouverts vernis couleur violet foncé (tendance, cette année-là). Bref, vous détestez.

Mais elle a l'air de connaître son affaire. Vous examine à fond. Griffonne une ordonnance illisible avec piqûres anticoagulantes dans le ventre. (Dans le ventre ? Ça doit faire affreusement mal !) Vous réclame un gros chèque (de quoi acheter la manche d'un manteau de zibeline). Vous raccompagne à la porte où elle s'arrête.

— J'ai oublié de vous demander comment vous avez contracté cela. Vous avez pourtant l'air d'avoir une bonne circulation du sang.

Vous le lui expliquez rapidement. Ecrivain. Vingt-quatre heures de relecture en continu de votre dernière œuvre sans bouger, sans manger, sans dormir, etc., etc.

Le docteur Madeleine Grelot fronce les sourcils et vous regarde, horrifiée (plus du tout aimable).

— Mais, madame de Buron, vous êtes folle !!!

s'exclame-t-elle d'une voix aiguë. Vous croyez que vous avez toujours vingt ans ? Eh bien, NON... vous êtes VIEILLE !!!

Et elle vous poignarde l'estomac avec l'ongle pointu et violet de son index.

Vous rentrez chez vous, effondrée. A votre grande surprise, l'Homme de votre Vie est déjà là et lit *Aspects de la France*. Il est dans une période royaliste * qui succède à une période anarchiste, et à laquelle succédera une période mérovingienne.

— Titine, que se passe-t-il ? demande-t-il, inquiet à la vue de votre air misérable.

D'une voix désespérée, vous lui révélez qu'une certaine an-gio-lo-gue vous a appris brutalement que vous étiez VIEILLE. Sujet auquel vous n'aviez jamais songé. Quand vous vous apercevez dans une glace, vous continuez à voir une fillette aux joues rondes et aux tresses maigres. Bon, d'accord, vous avez peut-être un petit double menton. Et alors ? C'est mignon, non ? Vous vous maquillez rarement, sauf pour certaines sorties exceptionnelles dans le grand monde et quelques émissions de télévision. Et vous ne vous démaquillez jamais. A l'indignation de Petite Chérie :

— Mais enfin, Maman, on DOIT nettoyer sa peau le soir et mettre une crème hydratante le matin.

— Ça m'emmerde trop. Si j'ai cinq minutes, je préfère lire ou écrire. J'adore travailler. Tu

* Grâce à quoi, il paiera deux analyses d'ADN (cœur de Louis XVII et mèche de cheveux de Marie-Antoinette) qui prouveront que c'est bien Louis XVII, le pauvre Petit Dauphin, qui est mort au Temple.

sais que, dans le cinéma, on m'appelait le bulldozer...

— Tu me l'as dit cent fois, mais tu commences à avoir des rides...

— Je m'en fous complètement. Je suis casée !

— C'est quoi, casée ?

— Mariée. Avec ton père. Et tel que je le connais, il ne perdra pas dix minutes de son précieux temps à demander le divorce. Même pour épouser Sophie Marceau ou Catherine Deneuve.

Car votre cher mari bosse deux fois 35 heures par semaine, et ne prend jamais plus de deux jours et demi de vacances par an. Et surtout pas le dimanche (désolée, mesdames les ex-ministres Aubry et Guigou, il existe en France des frappadingues du boulot).

L'Homme qui a écouté le récit de votre consultation médicale interrompt vos pensées et dit d'un ton pas très gai :

— Si ta salope de charlatan femelle te trouve vieille, qu'est-ce que je devrais dire, moi ? J'ai onze ans de plus que toi.

Tiens ! vous n'aviez jamais remarqué que cette question commençait à tracasser votre époux. Vous vous exclamez avec énergie :

— Moi, je te trouve plus beau que lorsque je t'ai épousé.

(Vous le pensez toujours vraiment.)

Votre Seigneur et Maître sourit d'un air heureux, se lève, vous prend dans ses bras et vous entraîne dans une valse en chantant :

— On est VIEUX !... Tralala... On est VIEUX !... Tralalère !

Vous éclatez de rire tous les deux et échangez un tendre bisou (ah ! que c'est bon. Réconfortant).

La semaine suivante, vous racontez l'anecdote qui vous a quand même un peu tracassée (à quel âge devient-on vieille ?) à votre Psy bien-aimé. Lui, d'habitude si souriant, fronce les sourcils, décroche brusquement son téléphone, et fait le numéro que vous connaissez par cœur de son meilleur copain qui est aussi votre « médecin-affectueusement-traitant ».

— C'est moi. Dis donc, est-ce que tu connais une certaine Madeleine Grelot, angiologue, paraît-il ?

— Non.

— Bon. Alors, ne la recommande JAMAIS !

Et Psy bien-aimé raccroche, clac, retrouve son sourire, et commence à vous expliquer que vous avez toujours vingt ans... dans votre tête, et que c'est ça qui compte. Vous voilà consolée.

Revenons au vendredi 14 janvier 2000 à la Micoulette.

Vous décidez en fin de compte d'avancer votre départ pour Paris. Vous téléphonez à la petite compagnie qui relie Carcassonne à la capitale. Il reste justement une place dans le 11 h 45 qui est direct, et vous n'aurez pas à marcher des kilomètres dans les couloirs de Blagnac *. Juste une petite escale à Toulouse, pour l'essence.

* Blagnac : aéroport de Toulouse.

— Je vois que vous avez droit à une réduction ? interroge l'opératrice.

— Oui, je suis... (ah non ! vous n'allez pas répondre VIEILLE...) Je suis... heu... une Mamie ! 50 % de réduction...

Vous ne lui racontez pas que votre cher mari (qui a donc onze ans de plus que vous) préfère payer le tarif complet plutôt que d'avouer qu'il est, lui, un vrai de vrai « Papy ». Ce qui vous fait beaucoup rire. Un jour, vous l'avez dénoncé en rigolant à la caissière de l'aéroport qui resta stupéfaite. Quoi ? Avoir droit à une réduction et ne pas la réclamer ? Un fou... ! Quant à votre époux, il vous bouda toute la journée. Ah ! les bonshommes, ils deviennent plus coquets que les bonnes femmes.

— Je vois, reprend votre opératrice au téléphone, que vous avez réservé une place au nom de Lola : 50 francs. Qu'est-ce que c'est ?

— Ma petite chatte.

— Combien pèse-t-elle ?

— 3,950 kilos.

Vous n'en savez absolument rien. Simplement que Lola ne doit pas dépasser cinq kilos et que son billet coûte soixante-quinze francs. De toute façon, l'opératrice s'en fiche. Personne — sauf le vétérinaire — n'a jamais pesé ni votre cher Melchior, ni Lola, et va pour cinquante francs !

— Il faudra refaire son billet à l'aéroport, remarque la dame du téléphone.

Un deuxième billet d'avion pour un chat !

Y a-t-il un autre pays au monde qui aime autant la paperasse que la France ? Tous les jours vous recevez des lettres d'associations inconnues, des catalogues de chaussures pour pieds sensibles, des publicités que vous jetez immédiatement dans votre corbeille à papier, des questionnaires où l'on vous demande votre âge (vous répondez « dix-huit mois »). Et même le *Who's Who,* annuaire que vous considérez comme le livre de chevet des cambrioleurs et à qui vous avez rappelé la recommandation du cher La Fontaine : « Pour vivre heureux, vivons cachés » les deux fois où il vous a demandé de vous inscrire entre Martine Buron (qui c'est, celle-là ? née comme vous un 12 janvier mais pas de la même année, ah ! ah !) et Daniel Burg (inconnu à votre bataillon). Et pour tout cela, on a coupé des arbres qui ont mis trente ans à pousser... Les plus recherchés sont les platanes qui ornent les routes de campagne et sur lesquels les types qui ont trop bu, le samedi soir et autres jours, écrasent leur bagnole. Eh bien, ce ne sont pas ces fous qui sont accusés d'avoir provoqué l'accident, mais les platanes placides dénoncés pour avoir sauté sur la voiture. Cela vous exaspère. Vous avez lu un jour, dans *Le Figaro*, un article d'un ami suggérant de remplacer lesdits platanes par des haies de sous-préfets : cela vous fait rire chaque fois que vous empruntez la route de Carcassonne. Merci, Eric Ollivier.

Vous regardez votre montre. Oh ! là, là ! si vous continuez à rêvasser, vous allez rater votre avion. Vous attrapez précipitamment, sous la table de travail numéro 1, votre petit sac de voyage Vuitton (qui a au moins vingt ans) et y enfouissez à la hâte les papiers dont vous ne vous séparez jamais (saloperies de factures à payer, emmerdailleuses de feuilles d'impôts, chéquiers, qui ne recouvrent pas autant de sous que vous aimeriez, lettres auxquelles vous auriez dû répondre depuis quatre mois, et puis, naturellement, le cher manuscrit de votre dernier livre : une année de travail). Vous vous redressez, et vous poussez un grand braillement de souffrance : aïeaïeaïe-aïe... aïe ! Des douleurs ont explosé dans votre genou droit, au bas de vos côtes (vous croyez vous souvenir qu'elles sont là, à hauteur de votre estomac...), et au milieu de votre cuisse gauche, une grosse contusion qui semble s'agrandir. Merde !

Monsieur Louis, votre cher régisseur agricole, entre.

Vous grognez un « bonjour ! ».

— Ça ne va pas ? s'inquiète-t-il.

— Je viens de tomber sur la tête du haut de l'escalier, par-dessus cette putain de murette. Elle est beaucoup trop basse.

— Je sais, répond tranquillement monsieur Louis. Je l'avais dit à votre *cong* d'architecte *parisieng*, mais il n'a jamais voulu que je la fasse plus haute.

Cela ne vous étonne pas. Les deux hommes se détestaient.

— Vous devez avoir mal ! reprend gentiment votre régisseur. Moi, ça a failli m'arriver il y a vingt ans, quand j'ai construit la mairie de Bizac. Tant que vous n'avez pas la nuque cassée, ce n'est pas trop grave. Remerciez le ciel, sinon vous seriez morte, pas *moinss* ! Moi...

Vous le coupez net. Comme tous les hommes (y compris votre cher mari), dès que vous attrapez une égratignure ou un petit bobo, ils ont eu la même blessure — en beaucoup plus grave, naturellement : ils ont manqué crever ! — et il faut qu'ils vous le racontent longuement.

— Je prends l'avion de Paris de 11 h 45. Pouvez-vous, s'il vous plaît, me conduire à l'aéroport et attraper Lola pour la mettre dans sa cage ?

La petite garce a entendu : « Je ne veux pas rentrer à Paris ! » miaule-t-elle.

— Moi non plus. Mais on ne fait pas toujours ce qu'on veut, dans la vie !

Trop tard. Elle s'est sauvée sur la terrasse du soleil couchant, de l'autre côté de la maison.

Monsieur Louis attrape un balai, siffle les trois chiens-loups et galope à sa poursuite.

Rodéo autour de la ferme, avec chœur d'aboiements.

Pendant ce temps-là vous allez vous habiller. Difficilement. Vous avez mal partout. Vous n'avez même pas le courage de vous laver.

Tant pis pour vos voisins d'avion !

Vous arrivez juste à l'heure au petit aéroport de Carcassonne où l'hôtesse, qui vous connaît par cœur, vous a préparé votre billet et celui de... « Melchior ».

— Melchior est mort, dites-vous tristement, et celle-là s'appelle Lola.

— Ah, mon Dieu ! il faut que je refasse le billet.

— Non, non ! criez-vous. Je vais rater l'avion ! Je dirai qu'elle s'appelle Melchior.

— Remarquez, il n'y a pas de douanier au changement d'avion à Toulouse.

— Hein !?... Quoi ??... Comment ???... Je change d'avion à Toulouse ? La fille qui m'a réservé ma place, tout à l'heure, au téléphone, m'a juré que le 11 h 45 ne faisait juste qu'une petite escale pour l'essence à Toulouse !

— Mais à qui avez-vous téléphoné ?

— Je ne sais pas... Comme d'habitude.

— A Rouen ? Ah, ceux-là, ils sont cons, mais cons ! Ils se trompent tout le temps.

— Bordel de merde ! vous exclamez-vous grossièrement. Je vais devoir me trimballer dans les kilomètres de couloirs sans fin de Blagnac. Avec la cage de Lola et le sac des papiers qui pèsent, tous les deux, un âne mort.

Eh oui !

Votre barda vous semble de plus en plus lourd. Vos jambes commencent à trembler. Vous êtes essoufflée. Vous allez rater cette saloperie d'avion pour Paris.

Non. Vous arrivez la dernière, mais vous réussissez à monter dans l'A320 — poussée aux fesses par le machino — avant que la passerelle ne soit complètement remontée. Ouf !

L'Homme ne vous attend pas, comme d'habitude, à Orly. Il est parti à Londres par l'Eurostar « pour ses affaires » (quelles affaires ? A votre avis, aucune, mais ça l'amuse).

Vous grimpez, tant bien que mal, dans un taxi. Arrivée devant la porte de votre immeuble, vous

fouillez votre sac. Youpee ! vous trouvez
clef de votre appartement. Mais vous ave
plètement oublié le début du nouveau co
votre immeuble changé en votre absence.
pas noté dans le creux de votre main (habitude
empruntée à votre cher mari). La concierge est
partie faire des ménages vous ne savez où.

Vous arrêtez deux types dans la rue et leur demandez :

— Excusez-moi, messieurs, j'ai un ennui, je ne me rappelle absolument plus le début du numéro des bombardiers américains...

— B52 ! crient, sans hésiter, les deux mecs en chœur.

— Merci !

Vous voilà sauvée. Les deux mâles continuent leur chemin sans avoir l'air surpris le moins du monde par votre question.

A peine rentrée dans votre appartement, vous laissez tomber vos lourds paquets par terre et vous courez fouiller la pharmacie qui se trouve, comme toutes les pharmacies des familles, dans la salle de bains.

Non ! Ce n'est pas possible !

Aucun cachet de Di-Antalvic, d'aspirine, de Doliprane, etc. Juste des tonnes de somnifères. Vous les avalez et ouvrez une boîte de pâté au saumon pour Lola, sur laquelle elle se précipite... Et vous vous jetez vous-même, tout habillée, sur votre lit.

Vous verrez demain ce qu'il convient de faire...

... si vous vous réveillez...

2

Paris, le 15 janvier 2000, 4 heures du matin.

Vous êtes encore couchée en travers de votre lit, toujours habillée de vos vêtements complètement chiffonnés depuis un jour et demi. Un paquet de viande souffrante et hébétée. Vous vous redites une fois de plus que ce n'est certainement pas une bonne chose, pour un écrivain, de tomber sur la tête. Peut-être ne pourrez-vous plus jamais écrire. Dans ce cas-là, vous vous suiciderez. Voilà, c'est tout...

Soudain, une râpe à fromage vous gratte énergiquement la joue droite. Vous poussez un long gémissement plaintif.

— Fous-moi la paix, marmonnez-vous à Lola.

— Debout ! Au boulot ! s'indigne votre petite chatte qui adore vous servir de réveil le matin en vous léchant la figure avec sa langue-racleuse.

— Non. Je ne pourrai pas travailler aujourd'hui ! J'ai trop mal partout.

— Appelle le vétérinaire, suggère Lola.

— Les vétérinaires pour dames s'appellent des médecins. Et si tu crois que les médecins parisiens viennent voir les malades chez eux à 4 heures du matin, tu te fourres la patte dans l'œil...

Vous décidez alors de vous rendre aux Urgences du grand hôpital de Sèvres qui n'est pas trop loin de chez vous.

Vous détestez les Urgences des hôpitaux. Un des rares points de conflit que vous avez avec Psy bien-aimé. Il prétend que c'est toujours le meilleur service d'un hosto (par contre, vous avez le droit de vous méfier des autres secteurs). Vous lui racontez alors comment Petite Chérie, s'étant fracturé le coude gauche en tombant de cheval à la campagne, par un bel après-midi d'été, vous l'avez conduite immédiatement aux Urgences de l'hôpital de la ville de N., pas trop loin de la maison de l'Homme. Paperasse. Attente. Examen du médecin-chef. Radio. Plâtre par un jeune interne. Le tout prend trois heures dix. La cabine téléphonique étant cassée et votre portable oublié dans votre chambre, vous n'avez pu prévenir le père de la blessée. Qui, inquiet de votre retard (et affamé), avertit la gendarmerie de votre disparition.

Quand vous rentrez, vous vous faites méchamment engueuler.

— Tu n'avais qu'à me téléphoner d'un bureau ! hurle votre époux.

— Ils étaient tous fermés à clef.

— Tu es vraiment trop conne ! Il fallait défoncer une porte !... Mais je parie que tu n'y as même pas pensé.

Vous ne niez pas. Vous rassurez la gendarmerie et vous servez vite une soupe à l'oignon en boîte, passion de l'Homme. La tension retombe.

— Qu'est-ce qu'elle a exactement ? demande le Père en avalant avidement (et bruyamment) sa soupe à l'oignon.

— Le coude en mille morceaux.

Le lendemain matin vous examinez le bras de votre cadette. Horreur ! Son poignet et sa main sont gonflés et violets. Vous pensez que le plâtre a été trop serré. Conséquence éventuelle : gangrène. Affolée, vous allez réveiller le Papa (en lui arrachant d'un seul geste toutes ses couvertures) pour qu'il vous conduise aux Urgences du CHU.

Vous êtes reçus nonchalamment par deux jeunes internes (ou externes ?) souriants qui sont d'accord avec votre diagnostic.

Ils vont déplâtrer Petite Chérie. Ils l'emmènent dans une pièce à côté, mais laissent la porte entrouverte. Vous les entendez continuer leur amusante conversation malgré le bruit de la tronçonneuse en train de découper le plâtre. Soudain, l'un des deux futurs médecins éclate d'un grand rire.

— Arrête de me faire rigoler, gueule-t-il à l'autre, sinon je vais couper le bras de la môme !

Vous n'avez même pas le temps d'ouvrir la

bouche que l'Homme a déjà foncé dans la pièce où se tient le trio :

— Petits salopards ! Je vous interdis de toucher plus longtemps à ma fille, ou c'est moi qui vous tronçonne les couilles !

Il empoigne Petite Chérie avec son plâtre à moitié découpé et l'entraîne vers la sortie en vous criant :

— Vite, vite ! On rentre à Paris à la clinique de Sainte-Hildegarde... chez les bonnes sœurs.

Car votre mari, bien qu'agnostique et d'un naturel extrêmement méfiant, se précipite dès qu'il a un bobo dans un dispensaire de religieuses qui le chouchoutent, etc.

Paris, 15 janvier 2000, 4 h 35.

Vous ramassez vos forces et vous vous levez.

Plus facile à dire qu'à faire.

Surtout que, maintenant, en plus d'avoir mal absolument partout, vous boitez. Votre genou droit vous fait souffrir atrocement. Vous attrapez votre parapluie en guise de canne, votre sac, votre Carte Vitale. Vous téléphonez aux taxis G7 où vous avez un numéro d'abonnement prioritaire. Un standardiste à moitié endormi vous répond : « Votre voiture est devant la porte. » Vous êtes trop fatiguée pour vous étonner de ce miracle (qui ne se renouvellera jamais). Le chauffeur vous expliquera qu'il était en train de déposer quelqu'un devant votre immeuble. A 4 h 35 du matin ? Sûrement la dame grecque du sixième étage qui vous a toujours paru avoir une vie agitée. Aujourd'hui vous vous en foutez, comme vous vous foutez du fait que vous portez les mêmes vêtements depuis hier matin (on sait que vous avez même dormi avec). Bref, vous ressemblez à un tas de chiffons. Pas coiffée, toujours pas lavée, l'air crispé. Lola vous a regardée partir avec étonnement. Le personnel des Urgences du grand hôpital de Sèvres vous regarde arriver avec le même étonnement.

Il n'y a pas de patients. Cependant, par principe, on vous fait attendre un quart d'heure avant de vous permettre d'entrer dans le bureau de la directrice des Urgences. Une très jeune doctoresse, avec un accent allemand, qui ne comprend absolument rien à votre récit de chute fracassante dans une ex-bergerie 300 moutons.

— Mais, enfin, où, exachtement, afez-fous mal ? demande-t-elle un peu agacée.

Vous vous exclamez, d'un ton désespéré :

— Partout ! Partout !

Vous montrez votre corps en entier, y compris votre estomac où vous croyez toujours que se trouvent vos côtes. La jeune directrice allemande des Urgences appelle à la rescousse deux radiologues ensommeillés à qui vous racontez, une fois de plus, les détails de votre plongeon campagnard. Vous commencez d'en avoir ras le bol de votre ex-bergerie 300 moutons.

— ... que j'ai transformée en bureau, précisez-vous, parce que je suis écrivain... et... enfin... heu... journaliste.

Vous avez remarqué que le titre de journaliste

impressionne beaucoup plus les foules, y compris les flics, que celui d'écrivain. Vous ne vous séparez donc jamais de votre carte tricolore obtenue, il y a très longtemps, grâce à *Marie Claire* — pour un an seulement —, mais que vous faites toujours systématiquement dépasser de votre carte d'identité. C'est fou le nombre de PV auquel vous avez échappé grâce à elle.

— Bon, on fa la ratiokravier, déclare la petite doctoresse allemande au premier radiologue. (Le manipulateur dort tellement profondément qu'il est impossible de le réveiller.)

Elle se tourne vers le second (radiologue) :

— Chacques, abbelez Chules pour un scanner.

Un scanner ! C'est quoi exactement ? Vous connaissez le mot, mais pas la machine. S'agit-il d'un long cylindre noir dans lequel on vous enferme ? Mais qui sert à quoi ? Est-ce que ça fait mal ? Depuis votre petite enfance, vous vous méfiez des appareils médicaux. Tous les hivers, vous aviez une bronchite et votre grand-mère tenait absolument à vous poser elle-même des ventouses. Elle vous brûlait ainsi la moitié du dos.

Radios... radios... radios... radios... radios... radios... radios... radios...

Pendant ce temps-là, est entré le docteur « Chules » du scanner, en pyjama sous un grand long manteau de fourrure.

Ça ne fait pas mal (le scanner. Le manteau de fourrure non plus). Soulagement !

Les quatre médecins se réunissent dans un

coin et discutent entre eux en regardant les radios.

Le poulpe de l'angoisse vous étreint la poitrine.

— Fous n'afez pas grand-chose, déclare enfin la jeune Frau avec un grand sourire réconfortant (finalement, elle est charmante !). Chuste des contussions et un chenou un peu apîmé.

— Et puis il y a le choc, dit gaiement un des radiologues, voyant votre mine pitoyable. Vous devriez remercier le ciel de n'avoir pas eu la nuque cassée après une telle chute. Vous seriez morte !

Le diagnostic de Monsieur Louis était bon.

Mais vous êtes si abrutie que cette perspective vous laisse indifférente.

— Fous allez rester drois chemaines dans fotre lit, ordonne la petite directrice des Urgences, afec chuste chisse gomprimés de Di-Antalvic par chour. Trois fois deux. Et fous cherez guérie.

Vous n'en croyez pas un mot. Les très lointaines racines auvergnates de votre famille paternelle vous ont rendue méfiante — à moins que ce soit d'avoir vécu trente ans avec l'Homme de votre Vie (un Gascon) —, mais vous marmonnez poliment :

— Merchi beaucoup. (Vos grands-parents ne vous auront pas éduquée pour rien.)

La doctoresse germanique gribouille une ordonnance.

Illisible, comme toutes les ordonnances médicales. Ce phénomène vous a toujours stupéfiée. Pourquoi les Hippocrates * écrivent-ils assidûment si mal ?

Même les griffonnages de Psy bien-aimé sont indéchiffrables. Heureusement que vous connaissez le nom de vos médicaments par cœur depuis vingt ans. Si, par hasard, il change quelque chose dans son traitement, il vous le lit à voix haute avant de vous donner le papier. Pour ne pas le vexer, vous partez en courant le noter (en majuscules bien claires), assise sur la première marche de son escalier, dès qu'il a refermé la porte de son cabinet.

Quant aux gribouillages de votre « médecin-affectueusement-traitant », vous n'essayez absolument pas de les décrypter. Vous laissez ce soin à la petite aide-pharmacienne. Qui n'y arrive pas non plus, bien sûr, et va demander au pharmacien en chef lui-même, lequel, à votre surprise, décode à peu près. Eventuellement, il vous demande si vous savez ce dont il s'agit. Vous répondez négativement et lui avouez que vous n'avez pas pris de leçons particulières de traduction du jargon médical comme vous soupçonnez les pharmaciens de le faire. Il rit, mais ne nie pas. En cas d'impossibilité totale, il n'hésite pas à téléphoner à votre « médecin-affectueusement-traitant », furieux d'être dérangé pendant une consultation (de plus en plus de médecins ont de moins en moins de secrétaires. Merci, mesdames Aubry et Guigou). Au début vous pensiez que les appels du pharmacien l'amèneraient à écrire lisiblement. Pas du tout.

* Célèbre médecin grec — 460-377 av. J.-C. —, à l'origine d'un serment que nos praticiens prêtent encore !

Comme vous l'aimez beaucoup (votre « médecin-affectueusement-traitant », pas Mme Guigou : elle est très jolie mais donne l'impression de n'avoir jamais manqué de rien. Agaçant), vous lui téléphonez vous-même (à votre médecin, pas à Mme Guigou) aux heures libres qu'il indique à ses patients.

Vous connaissez cependant un cas où l'habileté d'un potard à déchiffrer les hiéroglyphes médicinaux s'est révélée fort utile. Votre cher ami Georges (producteur de cinéma) était amoureux fou d'une de vos copines et lui écrivait des lettres d'amour torrides mais absolument indéchiffrables, lorsqu'elle partait en vacances. Elle était obligée d'aller demander l'aide du pharmacien du coin, qui la connaissait depuis toute petite et l'emmenait derrière un rideau pour lui traduire les missives enflammées de son amant. Tout cela finit par un très bon mariage qui donna naissance à un remarquable jeune chirurgien et à une des premières réalisatrices de cinéma (après vous ; question d'âge...).

Pour rentrer chez vous, vous priez poliment la secrétaire des Urgences de vous appeler un taxi. Un radiologue vous apporte en courant une énorme pile de radios dans un immense sac en plastique. Dans un élan de gentillesse, la petite doctoresse allemande vous noue autour de la jambe droite, et surtout du genou, une grande attelle (allons bon ! Vous a-t-on dissimulé une fracture ?). Le taxi arrive. Vous grimpez dedans tant bien que mal, appuyée sur les deux médecins. L'attelle tombe ! Tant pis : vous êtes trop épuisée pour la remettre. Vous l'enlevez, au contraire. A votre demande, le taxi fait un détour pour s'arrêter devant une pharmacie ouverte 24 heures sur 24 (Mmes Aubry et Guigou n'avaient pas encore frappé). Un pharmacien vous remplit deux sacs de kilos de boîtes de Di-Antalvic. Le taxi repart et vous arrête devant votre immeuble. Vous tendez au chauffeur un gros billet. Vous êtes trop harassée pour en lire le montant, mais le chauffeur a l'air très content.

Vous ne vous rappelez toujours pas votre code mais, grâce au morceau de cervelle vivace qui vous reste, vous avez écrit le numéro sur le dos de votre main (merci, mon mâle mari malin !). La clef de votre appartement est bien dans votre sac. Ouf ! Vous étiez persuadée de l'avoir oubliée. Votre ange gardien a dû l'y remettre en douce.

Vous allez directement dans votre chambre en ingurgitant une carafe d'eau et trois comprimés de Di-Antalvic (d'accord, vous savez que c'est deux seulement que vous devriez prendre, mais cela fait vingt-quatre heures que vous n'avez rien avalé). Vous vous jetez à nouveau en travers de votre lit, toujours pas lavée et dans vos vêtements qui ressemblent de plus en plus à des chiffons à poussière. Mais en trois semaines, vous trouverez bien un moment pour vous livrer à ces opérations.

Vous poussez un long gémissement.

La tête de votre petite chatte surgit de dessous votre oreiller :

— Ça ne va pas ? demande-t-elle, inquiète.

— Non ! J'ai l'impression que je vais crever ! Et j'avais rendez-vous demain pour déjeuner et travailler avec Muriel.

Lola hoche la tête et miaule avec compassion :

— Putain de sort !

Qui lui a appris cela ? Votre cher petit-fils Attila, bien sûr... Pour une fois, il a eu raison !

3

Dix jours plus tard, vous êtes toujours dans votre lit. Mais désormais propre et en chemise de nuit de soie rose ornée de dentelles (cadeau de mariage de votre chère cousine Isaure). Vous avez réussi à extorquer à des copines les adresses de trois docteurs qui se sont déplacés (si ! si !) pour venir vous examiner, vous et vos radios. Même votre charmante éditrice, inquiète de votre petite voix triste (et du retard de votre livre), a été arracher son propre représentant de la Faculté en plein milieu d'un déjeuner avec des confrères pour l'amener, à fond la caisse, au pied de votre lit.

TOUS vous ont assuré, avec un bel ensemble, que vous étiez très bien soignée.

De quoi ?

Heu... ils ne savent pas trop...

De contusions ?

C'est ça ! De contusions. De toute façon, vous n'avez visiblement pas grand-chose (vous traduisez : « à part d'être follement douillette »).

Votre « médecin-affectueusement-traitant » a disparu sans même vous laisser son numéro de téléphone portable comme il le fait toujours pendant ses vacances. Ce qui vous remplit de fierté. Aucun autre Esculape * n'agit ainsi, même Psy bien-aimé qui vous soigne depuis vingt et un ans et qui est son meilleur copain (et le vôtre). Il finit par vous avouer que ledit Esculape est parti pour une randonnée pédestre au Népal. Alors que vous souffrez comme une bête ! Quel salaud ! Vos « contusions », il s'en fout gaiement. Et vous, vous n'avez pas assez de sous pour envoyer un hélicoptère le chercher comme le célèbre procureur Laurent Davenas.

Vous avez avalé soixante et un comprimés de Di-Antalvic.

Heureusement vous avez Palmyra, votre chère femme de ménage portugaise, qui vient tous les jours de la semaine, de 13 heures à 16 heures. Pas une minute de plus. Elle est concierge dans la rue d'à côté. Les gardiennes d'immeuble, à Paris, ne sont plus espagnoles. Retournées dans leur patrie, après avoir gagné — avec leur mari généralement peintre en bâtiment — de quoi construire la petite maison de leurs rêves pour leur retraite. Désormais remplacées par des Portugaises qui suivent le même programme.

Sauf dans votre immeuble où la gardienne est française. Ça arrive. Madame Josette, petite, rondouillarde, souriante, connaît par cœur

* Dieu romain de la médecine.

chaque famille du quartier où elle règne depuis trente ans. Elle est toujours prête à rendre service, surtout à vous, car Petite Chérie et sa dernière fille sont nées le même jour. Ce qui donne lieu, entre vous deux, à de longs bavardages et des échanges de conseils sous la voûte de l'entrée, tandis que son téléphone sonne éperdument. Elle a deux petits défauts : premièrement, se plaint régulièrement « de ces étrangers qui mangent le pain des Français », oubliant complètement qu'elle a arraché son mari italien à la Légion étrangère. Deuxièmement : n'est jamais là le week-end qu'elle passe dans sa superbe maison de campagne — à soixante kilomètres de Paris — que vous appelez son château.

En tout cas, le samedi, à midi pile, vous vous retrouvez entièrement seule dans l'immeuble ; les autres locataires ayant également fui aux champs. Personne pour aller, en cas d'urgence, vous acheter une baguette de pain, un sac de Di-Antalvic ou une boîte de pâté « riche en saumon » pour Lola.

— Prends quelqu'un à temps complet, voyons ! gueule l'Homme de la chambre 316 du Hilton de Mexico.

Vous êtes trop fatiguée pour lui demander ce qu'il peut bien foutre à l'hôtel Hilton de Mexico, après être passé par ceux de Londres et de New York.

— Pauvre con ! hurlez-vous à votre tour du fond de votre lit.

Naturellement que vous voudriez bien avoir

une gouvernante à temps complet, même deux, mais ce genre de perle n'existe plus, à votre connaissance, ou coûte une fortune capable de ruiner un milliardaire. Sans compter que vous n'avez pas l'énergie de vous lancer dans cette recherche. Vous vous contentez donc, le samedi matin, de décrocher votre téléphone et de commander à Pizza Hut une Margharita pour quatre, qui vous est livrée toute chaude une demi-heure plus tard. Délicieuse au premier déjeuner. Moins bonne au dîner. Plus bonne du tout au déjeuner du dimanche. Vous jetez le dernier morceau dans la poubelle, le dimanche soir, et vous préparez des spaghettis à « cuisson deux minutes », que vous dévorez dans votre lit avec du coulis de tomates qui a parfois tendance à couler sur vos draps.

Mais, un dimanche, à 14 h 17, vous craquez. Vous appelez votre cousine chérie, Isaure.

— Je n'en peux plus ! criez-vous dans le téléphone. Je vais me jeter par la fenêtre si tu ne me trouves pas un médecin qui vienne chez moi ***aujourd'hui***, et qui trouve ***ce que j'ai***.

— Appelle SOS-Médecins !

— Ils ont déjà rappliqué deux fois. Ils ne s'intéressent qu'à mes tableaux et à la commode de Grand-Mère, du XVIIIe et signée.

Petit silence.

— Ah ! j'ai peut-être ce qu'il te faut. Un cousin belge qui fait des visites tous les jours de la semaine, mais il soigne surtout des aviateurs (???). Je ne sais plus qui m'a donné son numéro de téléphone perso...

Cinq minutes plus tard vous appelez le cousin belge spécialisé en aviateurs patraques (???), qui semble mécontent d'être dérangé chez lui le jour du Seigneur à 14 h 29.

— Comment avez-vous mon numéro personnel ? grogne-t-il d'un air soupçonneux.

— Parce que votre petit-neveu Stéphane a épousé ma petite-nièce Juliette.

— J'arrive ! s'exclame-t-il immédiatement.

Une demi-heure plus tard, vous racontez, pour la énième fois, votre terrible chute dans l'escalier de votre bureau ex-bergerie 300 moutons, les Urgences du grand hôpital de Sèvres, les consultations inutiles, vos soixante et un comprimés de Di-Antalvic, etc.

Il vous écoute avec passion.

— Où sont vos radios ?

Vous lui montrez la grosse pile qui trône sur votre table de nuit. Il se lève et va les examiner à la fenêtre soigneusement. Une première fois. Une deuxième fois.

— Où sont les radios de votre colonne vertébrale ? demande-t-il en fronçant les sourcils.

Vous restez stupéfaite.

— Mais... je n'en sais rien... Sûrement dans le tas. Je suis écrivain. Je ne sais pas lire les radios...

Votre cousin belge lève les yeux au ciel.

— Ces cons du grand hôpital de Sèvres ont tout simplement oublié le plus important, et je parie qu'ils n'ont même pas vu non plus que vous avez le bout de vos dernières côtes cassé. Vous allez me faire le plaisir d'aller demain matin, à 8 heures et demie, à l'Institut de

Radiologie Leconte — c'est le meilleur de Paris — vous faire faire des radios de la colonne vertébrale. Et, pendant que vous y êtes, toutes vos radios ! Celles-ci sont floues... Je vous griffonne une ordonnance.

Il se lève.

— Au revoir, cousine !

Et part à grands pas vers la porte d'entrée. Vous criez de votre lit :

— Docteur ! Combien je vous dois ?

— Rien. Je ne fais pas payer ma cousine, voyons ! répond-il, en dégringolant l'escalier.

Vive la famille ! Vive les Belges ! (Hélas, votre cousin si gentil est reparti à Bruxelles où vous ne l'avez jamais retrouvé.)

L'expérience vous a appris qu'à Paris aucun médecin ne reçoit **en urgence** un malade qui n'est pas recommandé par une amie qui a un ami qui a une amie qui a un ami qu'il connaît.

Quand on a eu une bonne santé (presque) toute sa vie, comment régler ce grave problème ?

Par une chance inouïe, votre belle-sœur infirmière a une copine qui a une copine qui a une copine qui connaît très bien la femme du fameux radiologue Leconte indiqué par votre cousin belge. Chaîne de coups de fil. OK pour le lendemain matin 8 h 30, radios faites par le Maître lui-même « par amitié »...

Le lundi à l'aube, douchée à fond (y compris les cheveux et entre les doigts de pied), ayant mis votre culotte en dentelle-pour-médecin, habillée proprement et sans plis, vous commandez un taxi G7 prioritaire, et, accrochée au cou de votre très chère concierge, vous vous traînez jusqu'à une grosse Peugeot qui vous emmène à vive allure à l'Institut de Radiologie.

Fermé à clef.

Vous envisagez de vous coucher par terre sur le trottoir en pleurant. Votre très chère concierge vous supplie de n'en rien faire. On la connaît trop dans le quartier (et dans la moitié de Paris !). Elle a raison.

O bonheur ! la porte s'ouvre et le Grand Radiologue paraît lui-même...

— Hé bé ! s'exclame-t-il, ma pauvre p'tite dame, vous êtes dans un drôle d'état pour quelqu'un qui n'a que des contusions !

Il vous emmène dans la « salle des machines », vous complimente pour votre petite culotte en dentelle (enfin un !) et vous radiographie dans les postures les plus étonnantes, les ongles agrippés çà et là. Puis vous allez rejoindre votre très chère concierge dans la salle d'attente.

Une heure plus tard, la clinique, vide à votre arrivée, est bourdonnante de clientes, d'infirmières, de manipulateurs, de radiologues, etc. Le docteur Leconte revient enfin, une double pile de radios dans les bras.

— Ma pauvre amie ! C'est une catastrophe ! Vous avez des vertèbres cassées, en particulier la L5, d'autres tassées sur une scoliose, plus quatre côtes abîmées elles aussi. Quant à votre genou droit, il faut que vous consultiez immédiatement un bon rhumatologue. Avez-vous un bon rhumatologue ?

— Heu... non !

— Bon. Allez voir de ma part le professeur Cornillon. Il soigne ma mère. Il est très pris. Un peu distrait, peut-être, mais épatant.

Sûrement. Un médecin qui soigne la mère d'un autre médecin ne peut qu'être épatant, sinon en une heure et quarante-cinq coups de téléphone, sa mauvaise réputation a fait le tour de Paris : il n'a plus qu'à aller ouvrir un autre cabinet à Bézigues-les-Vaches.

Avec la recommandation du docteur-radiologue et ami Leconte, le professeur Cornillon vous donne personnellement un rendez-vous le jeudi suivant **en urgence** à 14 h 10.

Le jeudi suivant. 13 h 40.

L'Homme, rentré de Mexico, vous conduit chez ledit professeur Cornillon dans sa fabuleuse Mercedes, digne d'un émir. (Prétend qu'il a fait deux folies dans sa vie : 1) vous épouser, 2) acheter ce somptueux véhicule aux vitres noires. Pour vous venger vous l'appelez Ben Bruel). Pendant votre consultation il vous attendra dans sa voiture. Depuis trente ans il se refuse à vous accompagner en personne chez un thérapeute (et plus tard à l'hôpital) sous prétexte que cela fait « mémère et pépère » et vice versa : prétend qu'il a du travail en retard. Vous savez très bien qu'en fait il va dormir dans sa splendide bagnole.

C'est la femme du professeur Cornillon elle-même qui vous ouvre la porte. Elle a l'air très surpris de vous voir.

— Vous avez un rendez-vous ? Ah bon !

Elle n'était pas au courant. Elle n'était pas au courant non plus que son mari, le célèbre rhumatologue, avait un rendez-vous à l'extérieur. (Vous pensez que c'est lui qui déjeune en faisant ce bruit de vaisselle dans le fond de l'appart.)

— Il va sûrement rentrer très vite, vous console-t-elle.

Vous ne dites rien. Voir un thérapeute oblige à supporter un certain nombre d'inconvénients. Obtenir un rendez-vous avant des mois (suivant la célébrité du personnage). Attendre des heures en compagnie de magazines déchirés que vous avez déjà lus. Avoir affaire à la femme du docteur (au lieu d'une secrétaire) qui vous regarde des pieds à la tête d'un air méfiant (et si vous n'étiez pas une malade mais une maîtresse ?). Mais ce qui vous agace le plus ce sont les sonneries du portable personnel du médecin qui interrompent ses investigations. Il vous est arrivé de nombreuses fois de rester allongée longuement sur la table d'examen, toute nue, le cul à l'air, à écouter votre praticien papoter avec ses autres malades, ou même ses copains.

Vous entendez un bruit de porte. Le professeur pénètre comme une bombe dans la salle d'attente où vous êtes assise, en dévorant une énorme tablette de chocolat. C'est la première fois que vous voyez un professeur de médecine s'empiffrer comme cela (peut-être son dessert ?). La bouche pleine de Lindt (?) ou de Nestlé (?) au lait et aux noisettes, il vous arrache votre paquet de radios et commence à les regarder tout en vous conduisant à son cabinet où il vous ordonne de vous déshabiller.

— Oh ! là, là ! Vous devez souffrir ! s'exclame-t-il, la bouche pleine.

Quel homme exquis ! C'est le premier clinicien à s'inquiéter de votre douleur. Généralement les médecins (sauf, naturellement, vos chéris) se préoccupent peu de la souffrance de leurs malades. Vous murmurez :

— Oh oui, beaucoup !

Il déclare à toute vitesse (en bavant un peu de chocolat) :

— Rhabillez-vous-retournez-vous-coucher-envoyez-quelqu'un-à-la-pharmacie-vous-acheter-un-lombostat-Je-vais-vous-faire-une-ordonnance-avec-de-la-morphine.-Revenez-me-voir-dans-quinze-jours.

Vous vous levez pour partir, déjà un peu guérie. Il ajoute :

— C'est six cents francs *.

Aïe, c'est cher ! Mais la santé c'est mieux que la fortune.

Comme prévu, l'Homme ronfle dans sa splendide voiture. Il sursaute quand vous le réveillez en ouvrant la portière.

— Cela fait une heure que je t'attends, ment-il effrontément. Qu'est-ce que tu faisais ?

— Le professeur déjeunait.

— Et moi je vais être en retard à mon rendez-vous, grogne-t-il.

* On n'en était pas encore aux euros.

— Surtout qu'il faut aller à la pharmacie acheter des médicaments et un lombostat.

— C'est quoi, ça, un lombostat ?

— Un corset.

— Un corset !? s'exclame votre cher mari. La médecine n'a pas fait tellement de progrès depuis le XVIIe siècle... Tiens, en voilà justement une, de pharmacie.

Et il freine tellement brutalement que vous manquez vous casser le nez sur le pare-brise. Vous ne dites rien : au point où vous en êtes...

— J'aurais préféré que tu ailles à notre pharmacie, près de la maison.

— Pourquoi ? Elles ont toutes les mêmes médicaments.

— Oui, mais pas les mêmes pharmaciens. C'est très important d'être connu de son pharmacien : il peut parfois vous donner en douce des médicaments sans ordonnance.

— Mais puisque tu as une ordonnance !

Il vous arrache celle que vous tenez à la main et sort son 1,95 mètre, comme un fou, de son immense Mercedes, pendant que vous criez :

— Taille numéro 5 !

— Quoi ?

— Le lombostat.

Votre tendre époux entre dans la pharmacie comme une tornade. Et ne ressort pas... Vingt minutes s'écoulent.

Vous le voyez à travers la vitrine se disputer avec le pharmacien qui, fait assez rare, est aussi grand et fort que lui. Il (l'Homme de votre Vie) a étalé sur la caisse tous ses papiers, ses cartes, ses sous qui bourrent ses poches. Il déteste les portefeuilles, même venant de chez Hermès, Vuitton, Gucci, etc. que vous lui offrez à tous ses anniversaires.

Une voiture de police arrive, sirène hurlante.

Deux flics en sortent et foncent dans la pharmacie. Il était temps. Votre mari menaçait de frapper le pharmacien avec votre lombostat.

Dieu du ciel, on ne va pas mettre en prison votre Seigneur et Maître !

Non. Stupeur. Les quatre hommes se donnent de grandes claques amicales dans le dos.

Et ça bavarde ! Et ça rigole !

Enfin l'Homme se rappelle votre existence et sort de la pharmacie après une chaleureuse poignée de main avec le pharmacien qui l'accompagne jusqu'à la porte, et il crie aux flics :

— Hé, les gars ! je vous attends dimanche pour le déjeuner et la promenade sur les Bateaux-Mouches avec femmes et enfants.

Et il reprend sa place au volant de sa voiture arabo-allemande.

— Mais qu'est-ce qui s'est passé ? demandez-vous, un peu énervée.

— Tu ne m'avais pas dit que tu prenais de la morphine ! Tu sais que je suis contre.

— Ben, ce n'était pas marqué sur l'ordonnance !

— Si, sous le nom de Temgesic. Et pour avoir ce truc, il faut montrer au pharmacien sa carte d'identité.

Oh ! là, là ! vous commencez à comprendre. La carte d'identité de votre mari chéri ressemble à un morceau de papier chiffonné, déchiré, et elle date d'au moins vingt ans.

— Et, en plus, continue l'Homme de votre Vie, j'ai fait la connerie de sortir, sans faire attention, mon porte-bonheur.

Aïe !

Votre bonhomme, à dix-sept ans, avait été un résistant de choc qui faisait traverser la France et les Pyrénées, vers l'Espagne, à des groupes de Juifs, de parachutistes anglais, et à Pierre Dac.

Des copains — résistants aussi — lui avaient fabriqué de faux papiers au nom de « *Gary Cooper. Jardinier à Bloemfontein, Afrique du Sud* ».

Les Allemands ignoraient totalement qui était Gary Cooper et où se trouvait Bloemfontein. Mais pas le pharmacien. Il avait donc téléphoné au commissariat du 8e arrondissement, pour leur signaler un fou dangereux qui essayait de se procurer de la morphine avec une fausse ordonnance.

Les flics éclatèrent de rire :

— On le connaît très bien ! C'est notre copain, l'Amiral des Bateaux-Mouches ! Une grande gueule mais très marrant et sympa. On se porte garants pour lui. Donnez-lui toute la morphine qu'il veut.

Une semaine plus tard, toujours dans votre lit, vous souffrez beaucoup moins (morphine) mais vous ne vous rappelez plus votre nom (morphine). En robe de chambre, pantoufles trouées et béquilles, vous descendez le demander à la concierge. Heureusement elle vous connaît depuis trente ans et rien ne l'étonne de vous. Puis vous décidez d'appeler le rhumatologue pour lui expliquer votre problème. Il baragouine (toujours le chocolat ?) :

— Arrêtez la morphine. Je passerai vous voir samedi après-midi.

Ouf ! Diafoirus * va venir chez vous.

Non, pas « ouf ! ».

Parce qu'il ne vient pas.

Vous l'attendez tout l'après-midi dans votre jolie chemise de nuit de soie rose bordée de dentelle de Chantilly. Votre ami le radiologue avait raison de dire qu'il était distrait. Il vous a complètement oubliée. Vous êtes tellement en colère que vous décidez de ne plus jamais le revoir (le rhumatologue, pas le radiologue). Vous téléphonez à Psy bien-aimé dès le lundi matin pour savoir **QUI** voir (vous auriez dû commencer par là).

— Le professeur Castelmaure, de ma part, répond-il sans hésiter. C'est un ami. Il dirige un hôpital de jour dans le 19e.

Téléphone.

Tiens, une secrétaire vous répond. Vous expliquez votre cas, insistez sur votre état douloureux et l'amitié entre Psy bien-aimé et le professeur Castelmaure.

— Malheureusement, le professeur n'a pas une heure de libre avant six mois, vous répond froidement la secrétaire.

Vous croyez avoir mal entendu.

— Pardon ?

* Médecin célèbre des comédies de Molière.

— Oui, oui. Six mois. Je suis désolée, mais le professeur est très demandé.

Elle raccroche. Clac !

Vous n'en revenez pas. Cela semble plus difficile d'avoir un rendez-vous avec le professeur Castelmaure qu'avec le président de la République. Encore sous le choc, vous rappelez Psy bien-aimé. Il est déjà en consultation, mais sa secrétaire (lui, au moins, a une secrétaire très gentille, devenue votre amie) vous le passe même si une patiente est en train de sangloter dans son bureau.

Pour la première fois depuis vingt ans qu'il vous soigne, Psy bien-aimé pique une colère.

— Qu'est-ce que c'est que cette histoire ? Le professeur Castelmaure est un de mes meilleurs copains. Je l'appelle immédiatement.

Clac. Il raccroche à son tour.

Trois minutes plus tard, votre téléphone resonne.

Voix de la secrétaire du professeur Castelmaure.

Furieuse.

— EX-CEP-TION-NEL-LE-MENT, le professeur vous recevra demain à midi pile. Il ne déjeunera pas. Moi non plus. Et vous non plus !

Et clac ! De nouveau elle vous raccroche au nez.

Vous voilà bien embêtée. Ayant été secrétaire vous-même, à l'âge de dix-huit ans et demi, vous savez l'importance de la fonction. Si vous désirez obtenir quelque chose d'un homme important, la première démarche consiste à être en bons termes (et même, si possible, en très bons termes) avec son assistante.

Aussi, dès le lendemain, à midi moins cinq, vous frappez à la porte de Madame Gisèle avec, dans les bras, un petit bouquet de fleurs, une boîte de chocolats et... un de vos livres.

Madame Gisèle vous jette un coup d'œil glacé.

Qui s'adoucit.

— ... C'est pour me faire pardonner de vous avoir dérangée hier, dites-vous d'une voix de miel, et gâché votre déjeuner aujourd'hui.

L'œil de Madame Gisèle devient carrément chaleureux.

— Et le livre ?

— Oh... je l'ai écrit.

— Ah ! c'est vous l'écrivain ?

Par chance, elle aime bien votre littérature, et vous devenez deux grandes amies. Un jour, elle déplaça même, pour vous le donner, le rendez-vous d'une « emmerdeuse qui n'avait rien du tout et ne faisait qu'embêter le professeur, beaucoup trop gentil ».

Vous êtes sur la route de la guérison !

Enfin, vous le croyez.

4

Le professeur Castelmaure avait l'air adorable. Il l'était. Grand, cheveux blancs, yeux bleus, sourire délicieux, il examine vos radios, et tout votre dossier, d'un air légèrement narquois, en hochant la tête.

Il griffonne une phrase sur une de ses feuilles d'ordonnance qu'il vous tend (ce n'était pas parce qu'il était charmeur qu'il écrivait mieux que les autres).

— Bien, dit-il. D'abord, en sortant de mon cabinet, vous allez descendre au premier étage, au service Ergonomie où l'on commencera à vous fabriquer un lombostat.

— J'en ai déjà un, murmurez-vous timidement.

— ... Acheté en pharmacie ? demande le professeur d'un ton dédaigneux.

— Heu... oui.

Où diable voulait-il que vous achetiez un lombostat ? Chez Dior ? A l'épicerie arabe du coin de la rue ? Aux Galeries Farfouillettes ?

— Ici, on vous en fabrique un sur mesure, et en cuir très épais.

— En cuir ???

— Oui. Cela maintiendra mieux votre colonne vertébrale. Vous le garderez jour et nuit jusqu'à ce que je vous dise de l'enlever.

Vous êtes sidérée. En cuir de quoi, d'abord ? De bœuf charolais ? De cheval sauvage patagon ? D'autruche africaine ? D'hippopotame des Grands Lacs ? Et puis, combien de temps allez-vous rester ainsi corsetée ? Un mois ? Deux mois ?...

Un an.

Mais votre L5 cassée sera recollée, vos autres vertèbres remises en place, votre dos soulagé. Vous finissez par porter votre ceinture en peau... de vous ne savez toujours pas quoi... par plaisir, surtout quand vous restez longtemps assise à écrire à votre bureau. Malgré toutes les recommandations médicales de votre ex-angiologue : « Se lever toutes les heures, et faire dix fois le tour de votre bureau » (on voit que cette affreuse créature ne s'était jamais concentrée plus d'une demi-page de suite).

Seul inconvénient : au bout de quelques mois, votre lombostat... n'est plus très propre. Disons même nettement crasseux. Palmyra l'emporte au pressing qui vous le renvoie avec indignation. La teinturière n'avait jamais vu un truc pareil : elle refuse de le nettoyer. D'abord c'est quoi ? Du rhinocéros d'Asie à une corne ?

Au jour d'aujourd'hui, vous ne le portez plus et, débordée, vous n'avez pas eu le temps de téléphoner à Gisèle pour un conseil. Mais vous le gardez précieusement dans le bas de votre armoire.

— Maintenant, dit le charmant professeur Castelmaure, je vais vous examiner. Déshabillez-vous et allongez-vous sur la table, là. Vous pouvez garder votre slip.

Justement aujourd'hui vous portez votre ravissante petite culotte en dentelle de Chantilly à neuf cents francs, mais le professeur ne daigne pas y jeter un coup d'œil. A votre grand dépit. Par contre, il remarque immédiatement vos genoux.

— Ils sont bien gonflés, surtout le droit. Vous en souffrez beaucoup ?

Vous ne savez jamais quoi répondre à cette question médicale. Si vous dites : « Pas trop » pour montrer votre courage, le médecin pense que vous ne souffrez pas du tout et se désintéresse de votre cas. Si, au contraire, vous gémissez : « Terriblement ! », il vous prend pour une douillette.

Vous optez pour : « Assez, mais je prends six Di-Antalvic par jour. »

— Parfait. Continuez. Et puis, vous allez vous faire faire une *Scintigraphie osseuse nucléaire* au grand hôpital de Sèvres.

Diable ! D'abord, vous ignorez complètement ce que peut bien être une *Scintigraphie osseuse nucléaire*. Le mot « nucléaire » vous inquiète. Mais ce n'est pas cela qui vous fait bondir.

— Ah non ! pas au grand hôpital de Sèvres !

— Tiens ! Et pourquoi ?

Vous lui racontez avec emphase votre passage

au Urgences dudit hôpital et les diagnostics erronés des quatre carabins.

— Il y a des mauvais médecins, enfin disons « médiocres », comme il y en a de très bons, répond tranquillement le professeur. Ainsi, au Service de Scintigraphie osseuse nucléaire de l'hôpital de Sèvres, il y a trois spécialistes, dont un excellent, qui est un ami, le docteur Chaublanc. Vous allez prendre un rendez-vous avec lui, et je vais vous écrire un petit mot personnel à lui remettre de ma part...

(griffonnage de lettre)

— ... et ensuite vous revenez me voir. Mais, avant, je vais vous faire une infiltration dans le genou droit pour soulager votre douleur.

Vous avez déjà fréquenté un certain nombre de rhumatologues. Vous les avez classés en deux catégories. Ceux au verdict précis et exact comme le Grand Professeur M. qui laissa son nom à une vertèbre, mais vous fit une infiltration tellement douloureuse que vous vous êtes évanouie. Et ceux au jugement carrément vague, mais à la piqûre indolore. Choix difficile.

Le professeur Castelmaure avait une main de fée et un diagnostic remarquable.

Vous rentrez chez vous en courant et, sans prendre le temps d'enlever votre manteau, vous téléphonez au grand hôpital de Sèvres pour avoir un rendez-vous URGENT avec le docteur Chaublanc, de la part du *Grand* professeur Castelmaure. OK pour le lendemain matin 10 heures. Vous restez baba. Le professeur Castelmaure devait avoir une sacrée réputation.

Le lendemain, lorsque vous arrivez, une

infirmière vous attend (parfaitement ! vous attend...) une clef à la main. Elle vous accompagne à une porte imprimée du logo nucléaire et fermée à clef. Elle l'ouvre, vous pousse à l'intérieur, et referme à clef derrière vous.

Du coup, le mot « nucléaire » vous inquiète carrément. Va-t-on vous radioactiver ?

Vous n'oublierez jamais que le gouvernement français avait juré au peuple gaulois que le nuage atomique de Tchernobyl s'était arrêté aux Alpes. Comme une idiote vous l'avez cru, alors que maintenant vous savez qu'il est passé au-dessus de votre campagne. Vous regrettez parfois de ne pas avoir été présidente de la République : vous auriez puni tous ces menteurs politiques, en les pendant par les pieds.

Pour l'instant, le docteur Chaublanc, « atomiste », qui vous a reçue avec beaucoup d'amabilité (après avoir lu le petit mot du professeur Castelmaure), vous enferme toute seule dans une minuscule pièce blanche.

Vous êtes toujours un peu inquiète à cause du nom obsédant : « Hiroshima », mais vous restez impassible (votre Papa, le Colonel, était bien capable de descendre du ciel et de vous cravacher les fesses pour cause de lâcheté).

Vous ne vous rappelez même plus s'il y avait dans votre placard hospitalier une machine spéciale ou une soufflerie de gaz (atomique) ou quoi que ce soit de spécial.

Mais le docteur Chaublanc vous tend, quelques instants plus tard, une image inouïe.

Vous êtes devenue un charmant petit fantôme *transparent* comme une libellule, avec cinq grosses taches noires. Vous ne pouvez vous empêcher de demander au médecin, en train de gribouiller une réponse au professeur Castelmaure, à quoi correspondent ces cinq grosses taches noires.

— Une belle arthrose aux épaules et aux genoux, répond-il brièvement.

Pudiquement, vous ne lui demandez pas si la cinquième grosse tache noire est celle de votre vessie, et a-t-elle de l'arthrose, elle aussi ? Il vous semble que c'est sa place, mais vous n'avez jamais entendu parler d'une arthrose urinaire. Vous auriez vraiment dû faire des études médicales. Pudiquement, le médecin ne répond pas à votre non-question.

Vous retournez à l'hôpital de jour du professeur Castelmaure où Gisèle vous a retenu un rendez-vous pour le lendemain, sans problème. Maintenant vous faites partie de la famille. Ce qui ne vous empêche pas d'attendre une heure. Sans importance. Vous avez l'habitude des attentes médicales et vous emportez toujours un livre dans votre sac. Dans la salle d'attente vous construisez une petite installation personnelle : une chaise *bien dure* où vous vous asseyez et une deuxième chaise *bien dure* où vous étendez vos jambes.

Une chose vous exaspère chez les rhumatologues et même une grande partie des médecins. Ils vous recommandent avec insistance de ***toujours*** vivre sur du « DUR », pour le bien de votre colonne vertébrale. En conséquence, chez vous, les fauteuils sont *durs*, les chaises sont *dures*, et vous dormez *avec une planche sous votre matelas* (que ce soit à Paris ou à la Micoulette). Mais, dans les salles d'attente des rhumatologues et des autres, vous trouvez de grands canapés et de gros fauteuils, *mous*, *mous*, *mous* comme des couettes. Vous êtes presque assise par terre. Où diable peuvent-ils dénicher un mobilier pareil ? Une fois, vous l'avez fait remarquer à l'un d'entre eux qui vous a regardée d'un air tellement glacial que vous avez prétexté une grosse colique pour vous rendre en courant aux toilettes, et, en fait, vous sauver en douce. Naturellement, vous n'êtes jamais retournée chez lui. Et, désormais, vous vous contentez de réclamer à la jeune personne (souvent africaine ou cinghalaise) qui vous ouvre la porte deux chaises de cuisine, si possible en bois. Vous passez pour une originale. Même une folle. Surtout le jour où les trois dames qui attendaient avant vous, elles aussi presque assises par terre sur leur canapé-couette, réclamèrent à leur tour six sièges en bois. Il n'y en avait pas. — Alors six petits fauteuils du XVIIIe au dos bien droit dits « cabriolets »... Il n'y en avait pas non plus (ou alors bien cachés dans un placard). Émeute. Le rhumatologue ne vous donna plus jamais de rendez-vous...

Quand vous entrez dans son cabinet, le professeur Castelmaure vous décoche un de ses merveilleux sourires en vous faisant signe de vous asseoir dans le fauteuil (bien dur) devant son bureau. Et continue de gribouiller à toute allure un petit mot illisible de remerciements au docteur Chaublanc. (Est-ce que cela s'arrête un jour, cet échange de correspondance ?)

— J'ai bien étudié votre dossier, dit-il enfin. Je vous propose soit d'essayer une rééducation du genou, ici, où nous sommes parfaitement équipés avec gymnase et grande piscine chauffée (extraordinaire ! une grande piscine chauffée... à Paris !!), soit une opération au genou droit avec pose d'une prothèse... chez un très bon chirurgien.

Vous sautez en l'air.

— Une opération ?

Le professeur sourit affectueusement :

— Vous savez, l'opération du genou est devenue chose banale.

Ah bon !

(Vous vous apercevrez plus tard que toutes les interventions chirurgicales sont devenues désormais des « choses banales », même celles du cœur.)

Vous n'avez subi qu'une appendicite urgente en pleine nuit. A l'âge de cinq-six ans (?), alors que vous viviez chez vos grands-parents. Quelques images vieillies flottent encore dans le fond de votre mémoire : vous, hurlant de douleur, vos grands-parents s'habillant en hâte. Votre grand-mère téléphonant à une clinique (mais oui ! il y avait déjà le téléphone : vous n'êtes pas si vieille que ça, malgré la remarque de cette angiologue de malheur) en réclamant une ambulance. Votre grand-père vous enveloppant, en chemise de nuit (c'est vous qui étiez en chemise de nuit, bien qu'à cette époque beaucoup de messieurs dormaient aussi en chemise de nuit blanche avec un galon rouge). Bref, vous enveloppant dans la grande cape noire avec laquelle il allait à l'Opéra toutes les semaines, et descendant l'escalier en vous portant dans ses bras. Puis le remontant (l'escalier), parce qu'il avait oublié de mettre son *kronstadt* (petit haut-de-forme que votre ancêtre était le dernier gentleman à porter à Paris, ainsi qu'un œillet à la boutonnière pour aller travailler à sa banque).

Aucun souvenir de l'opération. Mais celui de votre grand-mère, toujours au téléphone, refusant furieusement de payer la clinique parce que vous y aviez attrapé des poux. Pourtant elle était très habituée à trouver de ces sales petites bêtes dans vos cheveux, mais venant des têtes aristocratiques de vos voisines de classe du couvent du Sacré-Cœur, ou de celles, plus populaires, de vos meilleures copines : Yvette et Léa. Mais, eux, c'étaient des poux à vous. Des poux de famille. Bref, NOS poux ! Tandis que ces poux de la clinique, d'où venaient-ils ? « Mademoiselle », votre gouvernante — que vous aimiez plus que votre propre mère qui venait vous voir, du Maroc, une semaine par an —, dut vous inonder les cheveux pendant plusieurs semaines avec des flots de la célèbre lotion *Marie Rose* (qui existe toujours !).

Dernier souvenir, enfin, qui ne vous quittera jamais, et pour cause : une épaisse cicatrice, toute tordue, qui surprend les médecins qui examinent votre ventre. Certains n'hésitent pas à vous demander si vous avez été opérée par un vrai chirurgien ou par le boucher du quartier.

— De toute façon, reprend le professeur, je vais être franc : si vous ne faites pas cette opération maintenant, c'est reculer pour mieux sauter. Cela vous épargnera simplement deux ou trois ans de douleurs.

Vous dites précipitamment :

— D'accord pour une opération tout de suite.

— Parfait ! Vous avez un bon chirurgien ?

— Je pensais au professeur Rocher, à l'hôpital des Tilleuls.

— C'est le meilleur ! approuva le professeur. En attendant, je vais vous refaire une ordonnance pour du Di-Antalvic : en ce moment, vous en prenez combien par jour ?

— Toujours trois fois, multiplié par deux, soit six.

— C'est bien, dit le professeur qui griffonnait déjà. Je vais vous prescrire également une paire de béquilles qui vous aidera à marcher.

— C'est-à-dire que..., bégayez-vous, j'en ai déjà une, et je n'arrive pas à m'en servir. Je m'embrouille les pieds avec et je manque tomber tout le temps. Je préfère la canne que mon cher kiné m'a prêtée : c'est celle de sa belle-mère et... et... elle est très jolie !

— En effet, elle est très jolie. Mais ce serait encore mieux si vous la portiez du bon côté.

— Comment ça ! vous exclamez-vous.

— C'est bien votre genou **droit** qui vous fait souffrir ?

— Oui.

(Le gauche aussi, mais vous jugez inutile d'en parler pour l'instant.)

— Alors, vous devez vous appuyer sur votre canne **à gauche**.

Vous faites l'étonnée.

— Ah bon !

Menteuse ! Vous le savez parfaitement. Votre cher kiné, et tous les médecins que vous avez vus, vous l'ont dit. Mais rien à faire ! Inconsciemment, au bout de quelques mètres, appuyée sur la canne à gauche, hop, vous la passez à droite. En fait, gauche ou droite, cette canne ne vous sert pas à grand-chose, mais cela vous plaît de bien faire voir autour de vous — surtout dans la rue — que vous êtes une pauvre infirme qu'il ne faut pas bousculer.

Le professeur vous refait une infiltration (toujours avec sa main de fée), et vous raccompagne gentiment à la porte en vous disant :

— Tenez-moi au courant. Si vous avez un problème, appelez-moi, ou Gisèle.

Il a eu raison de vous prévenir.

Le premier problème se présente une demi-heure plus tard. A peine rentrée chez vous, vous cherchez dans l'annuaire le numéro de téléphone de l'hôpital des Tilleuls. Vous ne connaissez pas personnellement le professeur Rocher, mais il a sauvé un de vos meilleurs amis, le célèbre metteur en scène Patrick Bize de Minervois. Ce dernier, après avoir tourné un film au Caire, rentrait à Paris avec son équipe. Longue file de taxis roulant sur la route de l'aéroport, Patrick dans la voiture de tête. Arrivée à un croisement avec deuxième taxi débouchant sur chemin à droite. Aucun des deux chauffeurs cairotes ne veut laisser la priorité à l'autre. Choc terrible. Fracas épouvantable. Patrick reçoit le moteur du taxi numéro 2 sur son côté droit, et la longue file de voitures de l'équipe dans le dos. Tout le monde crie. L'équipe court dans tous les sens. Finalement, des flics égyptiens (ou des pompiers ?) arrivent et emportent Patrick à l'hôpital militaire où on le plâtre comme une momie, de la tête aux pieds (l'habitude), sans nettoyer le sable dans ses blessures ouvertes. Le premier assistant, affolé, téléphone au producteur : « Patrick va mourir ! hurle-t-il. Il faut que vous envoyiez un avion sanitaire pour le rapatrier immédiatement. »

Incroyable mais VRAI : le producteur refuse. Il n'y avait plus un sou dans la caisse pour louer même un ours en peluche, et l'envoyer en Egypte. Ou alors on ne finissait pas le film, et si on ne finissait pas le film il était, lui, ruiné. Non, il n'avait pas assuré l'équipe. Il faut savoir prendre des risques dans la vie. Surtout pour les autres. Démerdassek, les enfants !

Et il raccrocha.

En remettant à plus tard le choix d'étrangler ce salaud ou de le jeter ligoté dans la Seine, tous les membres valides de l'équipe se mirent à téléphoner à leurs amis et connaissances à Paris. Finalement, le régisseur attrapa au téléphone un des patrons de RTL. Celui-ci, horrifié, retint sur-le-champ un avion sanitaire à Europe-Assistance, et sauta dedans avec deux médecins, un cameraman, et un stagiaire qui passait par là. Vite au Caire ! Où, pendant ce temps-là, un autre drame se jouait. Les médecins militaires égyptiens ne voulaient à aucun prix laisser partir leur momie : Patrick-Akhénaton XVIII. Conseil de guerre de l'équipe française. A 2 heures du matin, après avoir arrosé de livres égyptiennes la sentinelle (que les militaires soupçonneux avaient mise à la porte de la chambre de Patrick-Akhénaton XVIII), plus un brave infirmier qui leur fila un brancard, les descendants de Vercingétorix et de Bonaparte enlevèrent votre copain/metteur en scène et le portèrent au bout du tarmac de l'aéroport du Caire où l'avion d'Europe-Assistance avait atterri. Les deux médecins attendaient dans leur blouse blanche, prêts à déplâtrer et soigner Patrick, tandis que le gentil infirmier égyptien s'efforçait de rassurer le groupe effondré qui entourait l'avion.

— Ce n'est rien, assura-t-il. Juste quelques fractures. Dans deux ou trois mois il bondira comme un tigre.

Ce ne fut pas l'avis du professeur Rocher. Patrick resta *treize mois* à l'hôpital des Tilleuls et subit *onze opérations*.

Seul bon côté de ce cauchemar : le professeur Rocher et Patrick devinrent les meilleurs amis du monde, jusqu'à faire ensemble leur marché bio le dimanche matin. Ce détail vous a longtemps laissée rêveuse. L'Homme de votre Vie n'a jamais acheté une carotte, même bio, avec vous, un dimanche matin.

Vous pensiez innocemment qu'en vous recommandant de Patrick, le professeur Rocher allait vous opérer sur-le-champ. Hélas ! vous n'aviez pas prévu une chose : le professeur

Rocher venait, à son tour, de se casser le genou. Comme vous. Naturellement, il fut opéré immédiatement par ses copains, mais il lui fallait quand même attendre un mois et demi à deux mois avant qu'il puisse reprendre son travail. Cela vous fit tout drôle. C'était la première fois que vous entendiez parler d'un chirurgien malade ou blessé. Vous aviez toujours eu l'impression que ce genre d'embêtement ne s'attaquait pas à la Faculté.

— Rappelez-moi dans deux mois et demi, vous dit sa secrétaire aux yeux rougis par les larmes. (Comme la plupart des secrétaires, elle était amoureuse de son patron.)

En partant, dans le couloir, vous vous heurtez à une infirmière que vous connaissez bien. Elle a soigné Fille Aînée à la naissance difficile d'Attila, connaît parfaitement votre copain Patrick, et a même entendu parler de vous. Vous vous embrassez, et elle vous raconte, avec un petit rire étouffé, que le professeur Rocher supporte très mal sa douleur au genou et réclame tout le temps une dose supplémentaire de morphine. Cela vous confirme dans l'idée que vous aviez toujours eue que beaucoup de médecins ne s'intéressent pas assez aux douleurs de leurs patients, n'ayant pas assez souffert eux-mêmes. D'autre part, le professeur Rocher avait ébranlé l'hôpital en piquant une énorme colère car il avait attendu vingt minutes sur son brancard à la radiologie avant que les manipulateurs (qui ne le connaissaient pas) ne le prennent en main.

Une infirmière (qui ne l'avait jamais vu non

plus) lui fit remarquer qu'il y avait des malades qui attendaient parfois deux heures, même trois, avant qu'on s'occupe d'eux et de leurs radios. Mais cela ne calma pas le professeur Rocher, pourtant très gentil.

Vous voilà bien ennuyée, et, comme d'habitude, vous dérangez votre Psy bien-aimé.

Cette fois, il ne vous fut d'aucun secours.

— Désolé, mais les chirurgiens ne font pas partie de mon club. Je ne connais pas personnellement le professeur A... Je sais seulement qu'il faut attendre un an avant qu'il daigne vous opérer... et encore !... Je crains que vous ne soyez pas assez célèbre pour lui. Ce qu'il aime, ce sont les grands footballeurs, ou bien les stars qui viennent avec une équipe de télévision. Je vous conseille d'attendre que Rocher soit guéri. Pourquoi ne demandez-vous pas conseil à Roquemaure ?

Finalement, ce retard vous arrangeait, car un événement inouï venait de bouleverser votre vie.

Petite Chérie, votre fille cadette, qui vous avait toujours juré farouchement qu'elle ne se marierait JAMAIS et qu'elle n'aurait JAMAIS d'enfants pour se dédier entièrement à la peinture et « devenir Picasso », vous avait un jour amené, sans vous prévenir, un magnifique gaillard bouclé de deux mètres de haut, avec un fort accent étranger.

— Vladimir est monténégrin. Un petit pays à côté de la Serbie. On s'aime. Il veut qu'on se marie à l'église orthodoxe (celle qui est en face de votre appartement à Paris et où vous n'êtes jamais entrée depuis quarante ans que vous habitez là) et...

... Petite Chérie hésita quelques secondes, puis ajouta :

— J'attends un enfant.

Heureusement, vous avez un cœur solide (enfin, vous le croyiez à l'époque).

Vous vous exclamez avec enthousiasme :

— C'est merveilleux, ma chérie ! Et qu'est-ce qu'il fait, dans la vie, notre Vladimir ?

— Ingénieur électronicien. Je l'ai rencontré à Montpellier où il apprenait le français à l'université.

Mais ceci est une autre histoire que vous raconterez peut-être une prochaine fois. Simplement les choses allaient traîner : le Papa n'avait pas apprécié, au début, que son futur gendre mesure cinq centimètres de plus que lui. Petite Chérie devait suivre des cours sur la religion orthodoxe, alors que, baptisée catholique, elle avait refusé d'aller au catéchisme parce que, dès la première leçon, la brave dame qui enseignait l'Evangile le mercredi matin avait affirmé à votre héritière que les animaux n'avaient pas d'âme. Ce qu'elle n'avait pas supporté.

Vous, vous n'arrivez pas à retrouver son certificat de baptême, réclamé par les popes, et disparu dans l'une de vos malles remplies à ras bord de documents divers (on sait que vous ne jetez jamais le moindre bout de papier). Il n'y avait plus de curé dans la petite église du village près duquel l'Homme avait SA maison. Seulement un remplaçant qui passait comme un éclair, de temps en temps, pour célébrer la messe (mais pas les enterrements. Incroyable, non ?). Vous réussissez à l'attraper. Il n'avait pas le temps de chercher dans les archives, et se contenta de vous donner un formulaire qu'il vous fit remplir et signa.

Une dispute familiale éclata quand il s'agit de choisir le nom de votre nouvelle petite-fille. Petite Chérie voulait l'appeler « *Kalinka* ». Vous penchiez pour « *Katrina* ». Votre mari insistait pour « *Esclarmonde* ». « *Milena* », prononça, impassible, Vladimir du haut de ses deux mètres (plus les boucles). Personne n'osa discuter, même Petite Chérie (on allait s'amuser !).

Les popes, débordés de travail — selon eux —, finirent par fixer la date du mariage des parents de Milena au 21 janvier 2001.

— Très bien, dites-vous à Petite Chérie, il faut prévenir ton père.

Puis vous froncez les sourcils : « Curieux, cette date du 21 janvier me dit quelque chose... c'est un anniversaire, mais de qui ou de quoi, je ne sais plus... Zut ! La salope d'angiologue avait raison, je vieillis, et je perds la mémoire. »

Vous consultez la date des anniversaires familiaux notés sur la dernière page de votre agenda. Non, aucune fête n'apparaissait au 21 janvier.

Le soir, quand le Grand Amour de votre Vie rentre, vous lui annoncez la grande nouvelle. A votre stupeur, il pique une énorme colère.

— Le 21 janvier ? Mais tu es folle ! Jamais ! Ou alors je n'assiste pas au mariage et je décommande la fête.

Surtout pas une pareille catastrophe ! Vous avez prévu d'inviter sur les Bateaux-Mouches tous les membres de vos familles que vous n'avez pas vus depuis des dizaines d'années, et la moitié des Monténégrins (il paraît qu'ils ne sont que six cent mille en tout).

Vous prenez donc une voix douce et crémeuse pour calmer l'Homme.

— Je sais que c'est un anniversaire de quelque chose. J'ai passé la journée à chercher quoi, et je n'ai pas trouvé.

— Voyons ! Le 21 janvier... c'est le seul jour où je vais à la messe !

— Parce que tu vas un jour par an à la messe ?

— Tu perds vraiment la mémoire ! Voyons ! le 21 janvier... le jour où les bourgeois ont guillotiné Louis XVI !

— Ah, bien sûr !... Mais... Euh... c'est vieux quand même. Deux cents ans !

— Il n'est pas question de marier ma fille le jour de la mort du roi. C'est NON !... Ou alors...

— Tu as raison ! dites-vous précipitamment.

Petite Chérie ouvrit la bouche, stupéfaite, quand vous lui annonçâtes la nouvelle.

— Je ne savais pas que Papa était royaliste.

— Il ne l'est pas, répondez-vous, surtout avec le comte de Paris, descendant de Philippe d'Orléans qui vota la mort de son cousin.

Elle prévint Vladimir qui resta impassible et alla tranquillement prévenir les popes dont vous vous plaisez à imaginer la surprise. Le mariage fut retardé au dimanche suivant, le 28 janvier.

— Voilà pourquoi je ne peux pas me faire opérer avant début février, expliquez-vous au professeur Rocher qui a fini par vous recevoir après trois heures de lecture dans la salle d'attente.

Sachant que vous étiez en surnombre, vous avez apporté tout Proust dans La Pléiade que votre mari a daigné vous prêter. C'est la première et la dernière fois que vous lisez Proust. Vous détestez ses phrases interminables et son ton précieux. Mais, au moins, vous vous êtes un peu cultivée. (Les Bonnes Sœurs préféraient vous faire lire Berthe Bernage que vous trouviez très « neuneu ». Et vous, vous adoriez la comtesse de Ségur, Jack London, George Sand, etc.)

L'anecdote avait beaucoup amusé le professeur Rocher.

— Vous me laissez quand même tout février pour choisir la date de votre opération ? vous demande-t-il.

— Bien sûr ! C'est déjà très gentil de votre part de...

— Parfait ! Alors, allez voir ma secrétaire Simone, en face. Elle vous donnera le rendez-vous et vous indiquera toute la marche à suivre.

Vous le remerciez du fond du cœur et vous vous retenez de l'embrasser sur les deux joues tellement vous êtes contente. Plus que trois mois à attendre !

Simone vous reçoit avec le sourire, et ouvre un épais agenda noir. Vous lui racontez votre conversation, et lui annoncez triomphalement que le Maître vous opérera en février.

— JUIN, dit-elle simplement.

...

— Quoi ?

— JUIN. Le professeur n'a pas une heure de libre avant JUIN.

— Mais il vient de me dire **Février !** vous exclamez-vous avec un certain agacement. **Fé-vri-er**. Pas juin, dans six mois ! Demandez-lui si vous ne me croyez pas !

Simone, à son tour, commence à être exaspérée par votre entêtement.

— Mais je vous crois ! Simplement ces messieurs les GRANDS CHIRURGIENS vous assurent qu'ils vont vous opérer à la date qui vous convient sans regarder leur agenda. Et, après, c'est moi qui prends sur la tronche quand je dois donner le jour précis. Tenez : regardez vous-même : il n'a pas une heure de libre avant FIN JUIN !

Elle vous tend l'immense agenda noir en tournant les pages toutes remplies d'annotations serrées. Vous êtes hors de vous et bégayez rageusement :

— Ça, c'est sûr que vous allez prendre sur la tronche, si je n'obtiens pas MON rendez-vous en février.

— Et qu'est-ce que vous voulez que je fasse ? Regardez : tous ces rendez-vous et tous ces patients !...

Vous dites froidement :

— Tuez-en un et donnez-moi sa place.

Simone croit que vous parlez sérieusement.

— Mais je ne peux pas faire ça ! Ni même en décaler un !

— Alors un dimanche ?

— Mon Dieu ! mais nous travaillons encore plus le dimanche ! Il y a tous les blessés de la route...

— Je me fous des blessés de la route... (Oh ! que vous avez une vilaine âme noire !) Ecoutez, je vais me coucher par terre devant votre bureau et je ne me lèverai que lorsque j'aurai mon rendez-vous en février.

Et vous vous allongez tant bien que mal sur le parquet (propre), en vous aidant de vos béquilles. La pauvre Simone se penche par-dessus son bureau pour s'assurer que vous avez bien mis votre menace à exécution. Elle n'en croit pas ses yeux qui s'exorbitent.

— Je n'ai jamais vu une folle comme vous !

— Mais je suis folle ! Et si vous appelez les flics pour m'emmener, je crierai : « Au viol ! »

C'est alors que le miracle a lieu.

La porte s'ouvre brutalement et une infirmière entre, haletante. Elle vous enjambe sans manifester la moindre surprise.

— Simone, pardonne-moi. J'ai tellement de travail avec le nouveau « chir * » que, depuis deux jours, j'oublie de te prévenir que la hanche gauche du 28 février midi est annulée.

— Ça y est ! J'ai mon rendez-vous ! criez-vous triomphalement par terre, en essayant de vous lever tant bien que mal, accrochée à une de vos béquilles.

— Vous, alors ! s'exclame Simone. Je croyais que tout ce que vous racontiez dans vos livres était inventé, et je m'aperçois que non.

* « Chirurgien » dans le langage des infirmières.

C'est à votre tour d'être effondrée. Vous ne pensiez pas que vous aviez en face de vous une lectrice qui va propager partout que vous êtes une vraie emmerdeuse.

Ce qui est peut-être vrai...

5

Vous ne vous doutiez pas que la préparation d'une opération « lourde » (prothèse **totale** du genou droit) était une occupation à plein temps.

Tous les jours vous recevez de l'hôpital des avis, des instructions à exécuter d'urgence, des formulaires à remplir, des papiers à signer et renvoyer immédiatement, etc., etc.

Premier avis : Prière de noter que vous devez vous rendre pour hospitalisation Service Chirurgie orthopédique et traumatologique à l'hôpital des Tilleuls le 27/02/01 entre 14 heures et 16 heures, pour intervention chirurgicale le 28/02/01.

Ça, c'est déjà inscrit dans votre agenda, dix fois plutôt qu'une.

Confirmer votre venue par téléphone.

OK. Vous craignez cependant que la secrétaire du professeur Rocher, après votre ramdam du jour de la consultation, fasse semblant de ne plus se rappeler de vous. Non. Bien qu'elle continue, visiblement, à vous croire folle, Mademoiselle Simone se montre très aimable.

Faire faire diverses analyses médicales du sang et des urines (récipients stériles). Le laboratoire enverra directement les résultats à l'hôpital des Tilleuls.

Facile. Vous téléphonez immédiatement à votre cher infirmier, qui adore venir chez vous parce que vous êtes sa seule patiente debout à 5 heures du matin. Ce qui lui permet d'être à 5 h 30 chez son client diabétique dans la rue à côté de la vôtre. Vous avez cependant deux petits soucis à résoudre :

1) — Rester à jeun dès que vous ouvrez votre premier œil jusqu'à la prise de sang. Vous avez tendance à oublier et avaler le grand verre de jus d'orange pressée préparé la veille par Palmyra, et posé sur votre table de nuit. Vous écrivez donc en grosses lettres « RESTER À JEUN » sur une feuille de papier que vous accrochez avec un trombone sur l'abat-jour de votre lampe de chevet.

2) — Dans quoi faire un petit pipi ? Vous êtes une pisse-menu, on le sait. Mais vous n'avez chez vous que de grandes bouteilles en plastique d'un litre et demi de Vittel, dont vous découpez le fond. Ridicule. Vous téléphonez au labo qui a l'air très surpris d'apprendre que vous n'avez pas des dizaines de petites bouteilles (stériles) dans votre pharmacie familiale. Sur son conseil, ne pouvant marcher, vous envoyez Palmyra à la pharmacie du coin avec un petit mot écrit en bon français (ben oui, quoi, vous espérez parler un bon français !) car

votre chère Portugaise, qui travaille chez vous depuis dix-neuf ans, baragouine encore un sabir franco-lusitanien. Elle est capable de vous rapporter un sirop antitussif. (Vous avez un rhume et toussez comme une perdue.)

Convocation trois semaines de suite à l'hôpital des Peupliers (à l'est de Paris alors que vous habitez à l'ouest) *pour prises de sang en vue d'une éventuelle autotransfusion pendant l'opération. Sang envoyé directement à l'hôpital des Tilleuls* (banlieue sud).

Très bien, ainsi vous ne risquez pas de vous voir injecter un produit soutiré à un taulard sidéen.

Tout se passa bien les deux premières fois. Malgré le supplice d'attendre trois heures le petit déjeuner. Mais vous êtes récompensée par un délicieux chocolat chaud, deux croissants et de la confiture offerts par l'hôpital après la prise de sang.

Par contre, la troisième fois, dès votre arrivée, on vous avertit qu'il fallait d'abord, et sur-le-champ, analyser votre sang. Ah bon ! Vous pensiez que c'était déjà fait à votre première visite. Après une heure d'attente, une doctoresse se déplace pour vous prévenir que votre sang n'était plus bon du tout, même pour vous. Elle marmonna quelques phrases où vous croyez comprendre que vous étiez trop vieille. S'il arrivait un incident pendant l'opération, on vous transfuserait du sang neuf (de qui ?), le vôtre étant trop vieux pour l'instant (!).

Comment ça, « pour l'instant » ? Ça rajeunit, le sang ? Vous ne le saviez pas. Etrange.

Non, erreur de votre part. Vous recevez une lettre, quinze jours plus tard, signée par un professeur, vous INTERDISANT tout don de votre sang, à l'avenir et à quiconque.

Décidément, vous en avez marre d'être considérée brutalement comme une « VIEILLE » !

Il allait falloir que vous trouviez le temps pour réfléchir sérieusement à ce problème.

Vous êtes priée, le matin suivant, par un « avisse » d'envoyer à l'hôpital des Tilleuls *un certificat de votre dentiste attestant du bon état de vos dents.* Ce dernier, qui soigne vos chicots depuis vingt ans, vous reçoit rapidement et gentiment. Mais il en profite pour vous arracher une grosse molaire dont vous refusiez de vous séparer depuis des années.

Ouille ! Ouille ! Ouille !

Arrive ensuite, à remplir, *une fiche de renseignements* (digne de l'ex-KGB), *à retourner en urgence, Bureau des Admissions, Guichet E, avec le récit complet de votre vie médicale.* Naturellement, vous ne vous rappelez que quelques vagues bribes.

Voyons ! la rougeole à Ibiza, c'était vous ou Fille Aînée ?

Et les oreillons ? L'Homme, bien sûr, qui, pour la première fois de sa vie, s'est couché précipitamment, au milieu de l'après-midi, et a réclamé, terrorisé, un médecin d'urgence.

Et votre parathyphoïde suivie d'une jaunisse (deux mois au lit et vingt kilos de perdus), était-ce à cause du pou blanc attrapé dans un car plein de Marocains et de chèvres que votre mère, prévenue par le diable, fit arrêter (le car) par le *caïd* de Tedders au volant de sa voiture, et apporter à l'Institut Pasteur de Rabat (le pou blanc, pas le *caïd*), pour examen. Ou plutôt n'était-ce pas la faute de l'eau du puits qu'assoiffée par une longue galopade à cheval à travers le bled, toujours avec le *caïd* (qui vous avait invitée pour les vacances) et ses hommes, vous avez bue à même la cruche tendue par une charmante jeune fille — et qui servait à tout le village (la cruche, naturellement) — qui ignorait visiblement (la charmante jeune fille) l'usage des pastilles antimicrobiennes ?

Ne pas oublier de signaler que vous avez failli crever, quand vous étiez au *Jardin des Modes*, empoisonnée par les représentants du service Etranger de la Maison Hachette, au cours d'un déjeuner d'affaires (dans un salon privé, mais oui !), d'un restaurant très célèbre, surtout pour ses huîtres. Or, vous adorez les huîtres. Vous choisissez une douzaine de Marennes, les plus belles, les plus grosses, les plus chères, les plus délicieuses...

sauf une... complètement pourrie...

Maintenant qu'il paraît que vous êtes « vieille », vous la recracheriez dans votre assiette avec une grimace de dégoût en gueulant : « Berk ! » et en convoquant le maître d'hôtel pour vous plaindre.

Mais, à cette époque, vous étiez jeunette et timide, et encore sous le coup de la dure éducation de vos grands-parents et des religieuses. Vous n'avez pas osé. Vous avez donc avalé stoïquement le mollusque puant. Dans la nuit : 41° de fièvre, diarrhées, vomissements, etc., etc.

Dieu merci, les Buron sont costauds, grâce à une solide et magnifique boulangère qu'un arrière-grand-père avait engrossée d'un fils qu'il adopta (celui de sa femme légitime était mort rachitique) et qui rendit à la famille sa vitalité connue depuis 1066 (Hastings).

Merci, chère arrière-grand-mère !

Vous avez aussi failli mourir (de tristesse) à la suite d'une fausse couche, en pleine nuit, à Mauléon dans les Pyrénées, en allant en Jaguar à 275 à l'heure avec votre époux à la célèbre corrida de Pampelune. Vous ne vous êtes jamais consolée *.

Quelque temps après être rentrée, en larmes, à Paris, vous avez été convoquée par la Sécurité sociale où un médecin (mais était-ce bien un médecin, ou un roquet ?) vous posa des questions soupçonneuses qui tendaient à prouver que vous vous étiez fait avorter (complètement interdit, à l'époque. Ne jamais oublier que la dernière guillotinée française était une femme : une « faiseuse d'anges »). Vous aviez — une fois de plus — 40° de fièvre. Vous avez failli étrangler ledit docteur. Et vous êtes sortie de son bureau en balançant par terre tous ses dossiers. (Depuis, vous n'avez jamais plus entendu parler de lui.)

Vous racontez, toujours pleurant, l'incident, le lendemain, en déjeunant chez votre chère copine et avocate, Maïté, et son mari, un très bon chirurgien. Il fronce les sourcils.

— Avez-vous vu votre gynécologue ? vous

* Vous croyez avoir déjà raconté ce sombre passage de votre vie dans un de vos livres, mais avez oublié lequel.

demande-t-il à voix basse, pendant que Maïté prépare le café dans la cuisine.

— Euh... non !

— Cela vous ennuierait si je vous examinais ?

Vous restez saisie. Vous n'avez pas l'habitude de montrer votre petit calibistri * au mari de vos amies. D'un autre côté, vous craignez de le vexer en refusant. Vous acceptez donc.

Il vous emmène dans la chambre conjugale, vous fait étendre sur le lit, immense, ouvre sa trousse de médecin, et vous trifouille comme un vrai gynéco avec un instrument qui ressemble à une longue pince à épiler.

Vous fermez les yeux.

Vous l'entendez grommeler.

— Il y a quelque chose qui ne va pas ? demandez-vous, inquiète, les yeux toujours fermés.

— Ce petit con d'interne de Mauléon avait oublié un pansement à l'intérieur, qui était en train de vous infecter. Vous avez frôlé la septicémie.

Aussi avez-vous un coup au cœur lorsque vous recevez une convocation du médecin de votre centre de Sécurité sociale. Allez-vous retrouver l'affreux petit roquet ? Non ! Il doit être à la retraite, ou, plus probablement, en enfer !

Surprise.

Quand vous entrez dans le bureau du méde-

* Nom du sexe féminin en 1791 (voir Emmanuel Pierrat, *Almanach des Demoiselles de Paris*, éditions Arléa, Paris, 1999).

cin, vous vous trouvez en face d'une charmante jeune femme qui vous attend... en souriant (si ! si !! Il y en a qui sourient, à la Séc. soc. Juré !) et vous dit :

— Je suis contente de vous connaître. J'aime beaucoup vos livres.

Là, vous manquez vous évanouir. On lit vos bouquins même à la CPAM de Paris ! Vous balbutiez :

— Merci !!!

— Asseyez-vous, et racontez-moi votre accident.

On le sait, vous êtes bavarde. Vous commencez par votre chute dans l'escalier de votre bureau-ex-bergerie 300 moutons. Vos dix-sept médecins. Ceux qui vous ont fait attendre des heures sur des canapés mous-mous-mous. Ceux qui se croyaient célèbres et ne pouvaient pas vous donner de rendez-vous avant six mois. Ceux qui vous bourrent de morphine. Ceux qui vous interdisent la morphine. Ceux qui vous oublient carrément dans la salle d'attente. Ceux qui vous font comprendre que vous êtes vieille et que tous vos malheurs viennent de là... et ce n'est pas fini ! Ceux qui ne vous reçoivent que si vous connaissez la meilleure amie de la meilleure amie de la femme d'un grand chirurgien. Ceux qui se fichent que vous leur disiez que vous avez mal et que vous pouvez à peine marcher depuis un an. Ceux qui vous font des infiltrations douloureuses au lieu de confier le travail à une infirmière aux doigts de fée. Ceux qui sont aimables. Ceux qui ne le sont pas. Ceux qui ont des mains sales : parfaitement, vous en connaissez un. Etc., etc. Enfin vous arrivez au cher professeur Castelmaure, si chaleureux et habile, et au professeur-chirurgien Rocher en qui vous avez instinctivement confiance.

— Vous avez raison, dit la doctoresse de la Sécurité sociale. Je pense que cela se passera bien. Vous le méritez. Avez-vous retenu dès maintenant une chambre au Centre de Rééducation fonctionnelle du professeur Castelmaure pour vous reposer et faire des exercices après l'opération ?

— Oui. J'ai même réussi à avoir une chambre à un seul lit !!! avouez-vous gaiement.

— Oh, parfait ! Le professeur passe lui-même avec son équipe voir les malades toutes les semaines. Vous avez de la chance d'avoir eu une place, car ce centre, avec son immense parc, est magnifique et toujours plein.

Vous omettez de préciser que c'est la chère Gisèle qui vous a recommandée elle-même à la directrice du Centre (en réclamant particulièrement une chambre à un seul lit pour vous). Elle a même prévenu votre Mutuelle des Auteurs qui a téléphoné à son tour pour insister. Vous allez être reçue comme une reine !

— Je vois que tout se passe bien, dit en souriant amicalement la doctoresse. Si vous avez un ennui quelconque, prévenez-moi.

Vous la remerciez. Vous avez envie de lui faire un bisou. C'est inouï. Vous avez rencontré quelqu'un d'absolument charmant à la CPAM ! Vous êtes d'autant plus stupéfaite que vous avez une cousine qui est, elle aussi, médecin à la

Séc. soc. en province. Et qui jouissait de vous raconter comment elle refusait un arrêt-maladie aux malades qui ne lui plaisaient pas. Un jour, n'y tenant plus, vous avez flanqué une tarte à cette garce. Vous ne l'avez jamais revue. Evidemment, vous ne lui aviez jamais raconté la bagarre que vous avez eue avec cette administration « sociale » lorsque vous vous êtes inscrite... il y a bien, bien longtemps.

Tout le monde — enfin les quelques personnes qui vous connaissent sur cette terre, y compris vous-même — vous appelle Buron, nom sous lequel vous êtes née et signez vos livres. Et vos feuilles de soins de Sécurité sociale. Quand vous vous êtes mariée avec l'Homme de votre Vie, vous n'avez pas songé à envoyer un faire-part à la CPAM. Juste rajouté sur la ligne prévue sur le formulaire de remboursement : « épouse Bruel ». Grave erreur. Votre banque a reçu un virement au nom de Nicole Bruel, qu'elle a retourné au centre, indiquant qu'elle ne connaissait pas cette Nicole Bruel (était-ce la mère ou la femme de Patrick ?). Echanges de lettres puis de coups de téléphone animés avec vous. La banque veut bien changer l'intitulé de votre compte pour le nom de Bruel. Vous refusez. Tous les chèques de vos éditeurs, de la Société des Auteurs, de la télévision, des journaux où, de temps en temps, vous écrivez une chronique (par exemple *Le Midi libre* où, après un voyage en Guadeloupe, vous avez raconté que dans chaque village, assis sous un palmier, il y avait un « reconnaisseur d'enfants » (un charmant petit boulot, non ?) pour les bébés nés après le passage des bateaux de guerre français et de leurs superbes marins. C'était vrai, mais *Le Midi libre* croula sous les lettres d'injures guadeloupéennes et préféra renoncer à vos impertinences).

Même votre loyer était (et est toujours) sous le nom de Buron.

Le directeur de votre centre Séc. soc. vous téléphona, en personne, que votre nom légal était celui de votre époux, donc Bruel (à propos, étiez-vous la mère ou la femme de Patrick ?). Vous répondez qu'au siècle dernier les femmes devaient demander, en effet, l'accord de leur mari pour ouvrir un compte dans une banque (même avec l'argent de leur dot ?), mais que ce temps-là était terminé. La loi actuelle énonçait, elle, que le nom légal d'une femme était son nom de jeune fille. Point. Barre. Quant à Patrick Bruel, vous commencez à en avoir ras le bol que tout le monde vous croie sa mère ou sa femme. Son vrai nom à lui est Benguigui. Le directeur, furieux, vous avertit alors qu'il ne vous remboursera pas un sou tant que vous n'aurez pas un compte au nom de votre ÉPOUX.

A l'idée de ne plus recevoir même 3,75 francs, vous craquez. Vous ouvrez un deuxième compte, dans une deuxième banque, au nom de Bruel, réservé aux seuls remboursements de vos frais médicaux.

Ouf ! Vous voilà tranquille (bien que la jeune femme qui a ouvert votre compte ait commencé par vous dire : êtes-vous la mère ou la femme de...).

Avant qu'elle ait pu terminer sa phrase, vous criez : « NON ! »

Hélas ! vous avez oublié quelque chose : la Mutuelle des Auteurs qui ne vous connaît, elle, que sous le nom de « Nicole de Buron ». Elle vous renvoie tous les papiers au nom de « Nicole Bruel » en vous demandant de les faire suivre à Patrick qui, en tant que chanteur-compositeur de chansons, devait être inscrit à la SACEM.

Re-coups de téléphone et re-explications agitées. Finalement, au bout de plusieurs mois de discussions (la SACD étant plus aimable que l'administration Séc. soc.), vous tombez tous d'accord.

Désormais, quand vous recevrez les papiers « Bruel » vous les ferez suivre à votre Mutuelle des Auteurs, en ajoutant et soulignant en gros : « NÉE ET DITE " NICOLE DE BURON " ».

Ça marche enfin. Ouf !

Jusqu'au jour où, hésitant devant une vitrine Chanel à entrer et acheter un ravissant tailleur très, très, très cher, une idée vous frappe. Vous avez été idiote : pourquoi ne pas vous laisser appeler Mme Bruel, tout simplement, et faire envoyer les factures à Patrick ? (Vous avez sûrement un copain qui connaît son adresse personnelle.) Le temps qu'il vous découvre, vous aurez une garde-robe complète et très élégante.

Hélas ! le fantôme de votre grand-père (maternel) apparaît dans la vitrine et vous l'interdit :

— Ma petite fille, quand on a la chance de descendre d'Henri IV, même par la cuisse gauche *, on ne vole pas. Sauf, bien entendu, les banquiers qui sont tous des escrocs.

— Oui, Grand-Père.

Votre aïeul soupira. Il était lui-même banquier, ayant épousé votre grand-mère dont vous croyez savoir qu'une partie de la dot était une banque suisse (?). Il quitta tristement l'armée qu'il adorait, et passa le reste de sa vie à tripoter des sous jusqu'à ce que, paraît-il, le général de Gaulle, poussé par les communistes, supprimât après la guerre toutes les petites banques de famille. Votre grand-père était déjà mort. Dommage, il aurait été très content.

Le jour suivant, lettre de l'hôpital réclamant un ECBU. Vous ignorez complètement ce que c'est qu'un ECBU. Votre pharmacien, votre infirmier, Gisèle, vos copines n'en savent pas plus que vous.

Vous appelez alors Ninon, votre chère belle-sœur.

— « ECBU », ça n'existe pas ! vous dit-elle sans ménagement, et elle raccroche brutalement son téléphone portable — étant en train de faire une piqûre à un bébé braillard.

A qui pourriez-vous vous adresser ? Vous n'allez quand même pas déranger un médecin pour savoir ce que c'est qu'un « ECBU ». Du reste, vous n'êtes pas sûre qu'il le sache.

* Tous les Béarnais se vantent de descendre d'Henri IV par la cuisse gauche. Y compris M. le député Bayrou et votre garagiste de Pau.

Une seule solution : le laboratoire. Voyons... quel est son nom ? Votre agenda est dans un état épouvantable, toutes les feuilles sont déchirées, couvertes de taches d'encre. Vous comptez sur votre repos au Centre de Rééducation pour en réécrire un neuf. (Mais vous n'en aurez pas le courage.) Pour l'instant, vous ne vous rappelez qu'une chose : dans le nom de votre labo, il y a un signe astral. Mais lequel ? Vous appelez le 12 où « Kevin, des renseignements téléphoniques », n'a pas l'air du tout surpris d'avoir au bout du fil une dingue qui lui demande le numéro de téléphone d'un laboratoire dans le 17e, qui porte le nom d'un signe astral. Il vous passe tranquillement la secrétaire — que vous connaissez bien — de la *Balance tranquille*. Vous lui expliquez votre problème. Elle paraît fort surprise. Elle non plus n'a jamais entendu parler d'un « ECBU »... Cela doit être une erreur de l'hôpital.

Merde d'oie !

— Attendez ! s'exclame la secrétaire. Comment est écrit « ECBU » ?

— E C B U.

— Il n'y a pas un point entre chaque majuscule ?

— Non.

— L'hôpital les a oubliés. En fait, cela veut dire tout simplement « Examen Cyto-Bactériologique des Urines » (E.C.B.U.). Ce n'est rien du tout. Une simple analyse d'urine. Dans le monde médical, on a de plus en plus la manie d'écrire tout en abrégé et majuscules. C'est exaspérant.

Et terrifiant. Car, quand arrive enfin votre dernière convocation de l'hôpital des Tilleuls, vous lisez :

« *Veuillez vous présenter le dimanche 27 février 2001, entre 14 heures et 16 heures, pour une opération P.T.G.G. par le professeur Rocher, le lundi 28 février.* »

Toute fiérote de vous, vous traduisez : « pour une opération Prothèse Totale du Genou Gauche ».

Hein ? Quoi ? Mais c'est le genou **DROIT** que le professeur doit opérer !

Au secours !

6

Vous en avez la respiration coupée.

Si le professeur Rocher se trompe de genou, vous aurez droit à quatre prothèses totales (2 × 2) et quelques bonnes années avant de tenir debout. Justement, vous venez de lire dans le journal que, quelques semaines auparavant, un chirurgien, dans un CHU de province, s'était trompé et avait carrément amputé un malheureux agriculteur de sa bonne patte. Si ! Si !

Vous avez eu beau lire et relire les journaux des jours suivants et écouter la radio, vous n'avez jamais su la suite. Avait-on coupé ensuite la mauvaise jambe, et le pauvre paysan s'était-il retrouvé cul-de-jatte ? Pas commode pour conduire un tracteur. Le « chir » avait-il été puni (par exemple en lui tronçonnant les deux bras ? Les talibans l'auraient fait) ?

Vous n'en dormez pas de la nuit.

Le surlendemain est le fameux dimanche où vous devez entrer à l'hôpital des Tilleuls. Dès

7 heures, le vendredi matin, vous téléphonez à la secrétaire du professeur Rocher. Pas là. N'arrivera qu'à 8 heures, vous annonce le standardiste.

— Mais non ! dit une autre voix lointaine (d'un deuxième standardiste ?). Tu sais bien que le vendredi est son jour de congé. Dis à la mémère (C'est vous, la mémère ?... Merci, mon gars !) qu'elle rappelle samedi à 8 heures.

Vous n'osez pas téléphoner directement au professeur. Du reste, vous n'avez pas son numéro personnel. Et, comble ! il est sur la liste rouge. Tout pour décourager les malades.

Vous vous contentez de réveiller votre frère et Ninon, votre chère belle-sœur infirmière. Qui commence par râler : c'est son seul jour de repos à elle aussi. Mais votre voix est tellement angoissée qu'elle s'adoucit :

— Ne t'en fais pas, ma chérie ! Ils vont s'apercevoir de leur erreur. Le chirurgien consulte toujours les radios avant d'opérer.

— Ouais... Et s'il ne le fait pas ?... Moi, je serai déjà endormie. J'ai la trouille.

Vous passez une deuxième nuit blanche à vous demander si vous allez vous rendre à ce foutu hôpital. Ou jeter quelques gros pulls dans votre vieux sac Vuitton et courir vous cacher chez les Inuit (Esquimaux). Non. Trop froid.

Enfin ! Enfin ! Enfin ! arrive le dimanche matin 8 heures moins une minute..., vous téléphonez à Mademoiselle Simone sur sa ligne directe.

Occupée.

8 h 10 : occupée 8 h 17 : toujours occupée 8 h 23 : encore occupée. Etc., etc.

Enfin, à 9 h 14, elle décroche (vous ne connaissiez pas encore le coup de la touche 5).

— Allô ? dites-vous d'une voix tremblante, je suis... j'ai reçu...

Elle vous reconnaît immédiatement.

— Je sais ! crie-t-elle. Je sais ! J'ai vu l'erreur !!! Je l'ai signalée sur tous les ordinateurs de la maison ! L'hôpital **entier** sait que c'est votre genou droit que le professeur doit opérer. Et lui doit le savoir par cœur !

Vous êtes soulagée, mais encore méfiante.

— Sur ma tête ! dit Mademoiselle Simone. Tout se passera bien.

Vous vous levez donc pour commencer à bourrer vos bagages de quoi tenir un mois et demi : dix à quinze jours aux Tilleuls pour l'opération, suivis d'un mois/cinq semaines au *Centre de Médecine physique et de Réadaptation* du professeur Castelmaure. Paraît-il somptueux. Bâtiments modernes, dans un immense parc « arboré » (vous détestez ce mot qui vous fait penser aux annonces immobilières : « Jolie villa avec jardin de dix mètres carrés “ arborés ” », c'est-à-dire avec juste un petit saule triste).

Dans votre première valise (une grande Vuitton que vous trimballez depuis quinze ans et qui n'est pas en très bon état), vous mettez vos chemises de nuit préférées. Vous savez, pour avoir rendu des visites amicales à des amies, que les chemises de nuit des hôpitaux sont ouvertes dans le dos, et qu'un vent coulis vous refroidit jusqu'aux fesses. Elles sont vaguement fermées par deux lacets que vous n'arriverez jamais à nouer (le dessinateur du modèle n'avait pas, lui, d'arthrose aux épaules).

Plus une ravissante robe de chambre rose que vous ne mettrez pas pour éviter de la salir.

Plus une paire de pantoufles noires achetées huit jours plus tôt à Monoprix, et déjà trouées.

Plus vos affaires de toilette (sauf votre peigne que vous oubliez).

Quant aux vêtements, vous prenez un peu n'importe quoi.

Deuxième bagage : un sac de marin rempli de livres grâce aux conseils de Monsieur Bertrand, votre cher libraire, chez qui vous passez vos dimanches matin.

14 h 15. Démarrage de la voiture conduite par Michel (il est champion de boxe poids léger).

La Mercedes 600 s'arrête devant le pavillon « Admissions ». L'Homme qui vous tenait la main vous embrasse mais ne descend pas. Il ne veut pas être vu en Pépère accompagnant Mémère et ses béquilles. Cela vous fait rire...

Votre chambre est immense, avec deux lits — malgré toutes les promesses qu'on vous a faites —, mais vous vous apercevez vite qu'il n'y a personne dans le deuxième. Joie !

Première soirée tranquille. Médicament pour dormir. Une charmante infirmière vous prévient que, dès votre réveil, le lendemain matin, et après une toilette minutieuse, du bout des ongles des mains (sans vernis) jusqu'au bout des ongles des pieds (sans vernis non plus, bien sûr). Vos cheveux ont été lavés la veille avec soin. Vous devrez vous barbouiller de liquide antiseptique vermillon : la Bétadine.

— Est-ce que ça partira, après ? demandez-vous à l'infirmière, inquiète à l'idée de passer le reste de votre vie déguisée en Peau-Rouge.

Elle vous rassure. Et vous redonne un deuxième médicament.

Deux brancardiers vous nouent dans le dos les liens de la fameuse chemise de nuit d'hôpital au courant d'air glacé jusqu'aux fesses. Et vous descendent, ou vous montent (?), au bloc, sur un brancard à roulettes qui fait un bruit à réveiller un régiment. A noter que lesdits Gros Bras sont entrés dans votre chambre sans frapper. Dès qu'un *homo sapiens* porte une blouse blanche, cela signifie qu'il fait partie de l'hôpital et qu'il a le droit de pénétrer chez vous sans frapper, sans vous dire bonjour, et sans se présenter. Il suffit de le savoir.

Vous arrivez au bloc. Des silhouettes d'ovnis en costume vert pâle ou bleu pâle qui les masquent entièrement vont et viennent. Vos yeux commencent à papillotter. Vous ne reconnaissez pas votre anesthésiste.

— Où est mon anesthé..., balbutiez-vous.

— C'est moi, répond une dame d'un certain âge et d'un embonpoint certain.

Allons bon ! Ce n'est pas le beau jeune homme à qui vous avez parlé, et qui devait téléphoner à Psy bien-aimé.

Au moment où vous allez interroger un ovni à ce sujet, la grosse anesthésiste aux cheveux gris vous fait une piqûre et, plouf ! vous vous endormez.

Vous vous réveillez une heure ?... deux heures ?... ou trois heures ?... plus tard, dans votre lit, dans votre chambre. Vous êtes dans le brouillard le plus épais. L'après-midi passe. Et ô bonheur ! les visages de l'Homme et de Petite Chérie (venue spécialement de la Micoulette) sont penchés sur vous avec inquiétude.

— Ça va ? demande l'Homme.

— Encore un peu dans les vaps, murmurez-vous.

L'infirmière entre :

— Tout s'est très bien passé ! s'exclame-t-elle avec fierté.

Petite Chérie lui demande si elle peut repartir dans sa campagne (enfin, la vôtre).

— Mais bien sûr ! s'exclame l'infirmière. Dans un mois, votre mère courra comme un petit lapin.

C'est un énorme mensonge, mais vous ne le saurez que dans un an.

Petite Chérie vous embrasse tendrement et file à Orly-Ouest. L'Homme vous caresse le front, et suit.

Vers 10 heures du soir, vous êtes en train de vous endormir quand la porte de votre chambre s'ouvre. Un grand gaillard en blouson de cuir entre, suivi de deux femmes vêtues de gilets de laine tricotés par feu leurs grands-mères.

Le trio se dirige silencieusement vers vous. Le type qui n'a, bien entendu, ni cogné à la porte ni annoncé qui il était, s'appuie sur le bout de votre lit avec ses deux mains et vous considère sans dire un mot. Les deux mémères tripotent vos petites affaires posées sur la table de nuit, ce qui vous agace profondément.

— Qui êtes-vous ? demandez-vous sévèrement au type.

— Je suis de l'hôpital, répond-il.

Vous ne le croyez pas. Un trio inconnu qui ne porte pas de blouse blanche — signe distinctif médical —, c'est louche.

— Moi aussi je suis de l'hôpital, marmonnez-vous, hargneuse. Et qu'est-ce que vous me voulez ?

— Ben, voir comment vous allez.

Vous le croyez encore moins. Il a un drôle d'accent. Les matrones n'ont pas l'air de s'intéresser du tout à votre santé.

Une idée folle vous traverse la tête : ces trois-là sont des kidnappeurs. Ils vont vous enlever et réclamer une énorme rançon à votre Homme. Vendra-t-il ses Bateaux-Mouches pour vous récupérer ? Humm !... vous en doutez.

Jamais vous n'aviez songé qu'une chose pareille pourrait vous arriver. Vous avez un flash : quand vous étiez petite, vos grands-parents avaient été longuement angoissés par l'enlèvement d'une petite fille de votre âge qui, croyez-vous vous rappeler, s'appelait Nicole Marescot. Elle fut assassinée par ses ravisseurs qui avaient d'abord touché une grosse rançon. Vos grands-parents fermèrent alors l'immense portail à l'entrée du parc et vous interdirent d'en sortir pour aller vous balader dans les fermes avoisinantes.

Curieusement, ce souvenir, auquel vous n'aviez

jamais repensé depuis, s'imprime violemment dans votre tête.

Vous vous mettez à hurler à pleins poumons :

— AU SECOURS !

— À L'AIDE !

— SAUVEZ-MOI !

etc.

Vous braillez si fort que toutes les fenêtres de l'hôpital s'allument.

Mais personne ne vient à votre secours.

Seul le chef des kidnappeurs quitte sa place et vient vers vous sans un mot. Se penche à travers votre lit pour border votre drap.

De voir sa vilaine figure si près de la vôtre redouble votre angoisse et votre colère.

Vous lui flanquez alors une énorme gifle... VLAN !... qui résonne, elle aussi, à des kilomètres à la ronde.

Le kidnappeur se redresse, la joue droite rouge de votre claque, et l'autre violette de colère.

Sans un mot, il sort de votre chambre, suivi de ses deux bonnes femmes qui ont arrêté de jouer avec votre montre, votre crayon et le bloc-notes posé sur votre table de chevet et qui ne vous quitte jamais.

Ouf ! Les gangsters sont partis.

Sauvée !

Vous vous rendormez tranquillement.

7

Vous ne rêvez jamais la nuit. En tout cas, vous ne vous rappelez rien le matin, au réveil. Il faut dire que vous avez gardé de vos années de couvent l'habitude de vous lever d'un bond dès que vous entrouvrez les yeux. Sœur Bénédicte passait dans l'allée centrale de l'immense dortoir où les élèves dormaient, entourées de rideaux blancs ouverts la nuit — pour être sûre de leur chasteté, celle des pensionnaires, pas des rideaux — en tapant dans ses mains et en criant : « Il est 6 heures ! Mesdemoiselles, levez-vous pour la messe ! »

La plupart d'entre nous se laissaient glisser doucement hors du lit et, à genoux sur le carrelage, récitaient d'une voix très ensommeillée : « ... vous salue Marie... grâce... bénie entre toutes les femmes... » etc., etc.

Maintenant que vous avez quitté l'Eglise catholique, apostolique et romaine, ses prêtres qui vous posaient des questions bizarres pendant la confession (« Pratiquez-vous la masturbation ? » C'était quoi, ça ?), les fatwas de saint Paul hostiles aux femmes, les papes qui ont interdit la pilule et l'IVG (vous n'oublierez jamais les bébés « orphelins » des religieuses belges, violées par les Congolais et à qui le pape défendit d'avorter. Vous auriez peut-être pardonné s'il avait pris les petits Africains au Vatican, et s'il les avait élevés lui-même avec ses évêques souvent arrogants... et parfois pédophiles).

Vous continuez à bondir hors de votre lit avec une énergique et joyeuse détermination. Ce qui, au début de votre mariage, agaçait beaucoup l'Homme, enclin à bâiller, paresser, rêvasser en s'étirant, jusqu'à ce que vous reveniez de la cuisine avec le petit déjeuner, d'un pas rapide, pressée d'aller travailler.

— Tu rêves la nuit comme tout le monde, mais tu ne te rappelles rien le matin à cause de ces horribles médicaments que ton psy te donne pour dormir, grognait votre cher mari. Un jour, je vais lui casser la gueule, à celui-là !

Vous aviez rapporté ce vilain propos à Psy bien-aimé qui ne vous avait pas crue. Mais confiée à une assemblée de neuropsychiatres. On vous avait fait une grosse piqûre de Penthotal. « C'est ce qu'on donne aux espionnes pour les faire avouer », vous avait glissé un médecin en rigolant. Malgré votre timidité, vous avez fait semblant de rire aussi, et vous avez raconté... raconté... raconté... vous n'avez jamais su quoi ! Simplement, quand vous vous êtes arrêtée de parler, les médecins vous ont regardée dans un lourd silence. Et, depuis, ils vous bourrent d'antidépresseurs et de somnifères. A l'indignation familiale. Cela ne se faisait pas trop, à l'époque, surtout dans votre tribu. Maintenant, qui n'en prend pas ?

Quelques années plus tard, vous avez été invitée à dîner, dans un grand restaurant, par un producteur de films, avec une flopée de metteurs en scène célèbres (dont vous tairez les noms). Champagne. Tous ces messieurs réclamèrent d'abord un verre d'eau et sortirent de leur poche qui du Prozac, du Deroxat, du Lexomil, etc., etc., et avalèrent leurs pilules. Sauf vous.

— Tu ne prends rien, toi ? vous demanda un voisin, surpris.

— Non, dites-vous avec hauteur, je n'en ai pas besoin !

Menteuse ! Vous aviez simplement avalé votre comprimé dans le taxi, cinq minutes avant.

Cette nuit, à l'hôpital des Tilleuls, vous faites exceptionnellement un terrible cauchemar. Vous rêvez que vous êtes étroitement attachée par les poignets aux barreaux de votre lit. Vous avez beau vous tortiller, tirer sur vos cordelettes en tissu (mais étaient-ce bien des cordelettes en tissu ou des menottes pour attacher des braqueurs ?). Rien à faire pour vous délivrer. Vous allez devenir folle.

Vous êtes dans un curieux endroit. Une pièce immense à deux étages, à la fois chambre, salon et salle à manger. Vous dominez une grande table où une demi-douzaine de personnes — hommes et femmes —, tous en blanc, soupent gaiement. De temps en temps, l'un d'entre eux se lève et va chercher un plat qui sent très bon, ou une bouteille de vin. Au passage, il vous regarde. Vous ouvrez la bouche pour en appeler un à l'aide, mais aucun son ne sort de votre gosier.

C'est votre kidnappeur (cette fois, avec une blouse blanche).

Les autres (en particulier les mémères) ne vous prêtent aucune attention. Tout le monde bouffe et rigole. Salauds !

Vous poussez un gémissement de tristesse...

Mayday... Mayday *...

... et vous vous réveillez complètement. Ce n'était pas un cauchemar. Vous êtes bien à l'hôpital, les poignets liés serrés aux barreaux de votre lit par des liens en tissu blanc, dans une pièce où dînent des... infirmiers ? des... aides-soignantes ? des... internes ? des... médecins ?

— S'il vous plaît ! appelez-vous.

Un homme en blanc se lève et vient vers vous. Notre-Dame-de-Buron, aidez-moi ! C'est toujours votre kidnappeur, celui que vous avez giflé... vous ne savez plus quand... dans une autre vie, peut-être ?

— Pardon ! geignez-vous honteusement.

— Mais non ! dit-il froidement. Vous avez simplement eu une crise d'hystérie. Cela arrive souvent après une lourde opération.

— Ah bon !

Personne ne vous avait prévenue.

Vous n'aurez plus mal au genou désormais

* Appel de détresse en anglais.

(du moins vous l'espérez), mais vous êtes devenue hystérique. Vous n'êtes pas sûre que ce soit mieux.

— Pouvez-vous me détacher ? demandez-vous humblement.

— Pas encore. Mais je vais vous donner un verre d'eau avec un petit calmant pour vous rendormir.

Dix minutes plus tard, vous ronflez paisiblement.

En attendant de nouvelles aventures.

Vous entrouvrez les yeux à nouveau. Ça alors ! on vous a encore changée de chambre ! Vous êtes complètement seule dans une immense pièce aux lits toujours entourés de rideaux blancs. Allons bon ! Vous voilà revenue au couvent Sainte-Jeanne-d'Arc, à Rabat, abandonnée dans un dortoir curieusement silencieux. Elles sont folles, ces Bonnes Sœurs. Vous avez un match de balle-au-camp après le déjeuner, et il faut absolument que vous vous leviez : vous êtes capitaine de l'équipe numéro 1. Vous appelez d'une petite voix étouffée :

— Mère Saint-Georges ?

— J'arrive.

O stupeur ! Ce n'est pas la Supérieure qui surgit, dans sa robe noire avec un bavolet et une collerette immaculés. Mais une infirmière qui vous adresse un sourire maternel (ce qui n'était pas le cas de Mère Saint-Georges, la Supérieure, qui mesurait 1,50 mètre, avait des petits poings comme des balles de ping-pong en acier, et terrorisait les élèves et même les prêtres qui venaient dire la messe tous les matins).

— Comment allez-vous ? demande-t-elle gentiment. Vous ne souffrez pas ?

— Non... pas trop.

Elle tripote un goutte-à-goutte de morphine que vous n'aviez pas remarqué, avec, au bout, une aiguille piquée dans le dos de votre main gauche.

Vous secouez la tête.

— Où suis-je ?

— En Réa.

— C'est quoi, ça, la Réa ?

— Réanimation. Soins intensifs.

Elle rit.

— Vous nous avez fait une drôle de peur, cette nuit ! Et quel scandale ! Tout l'hôpital était réveillé. Sans compter les horreurs que vous avez proférées....

La honte vous envahit tout entière.

— Je ne sais pas ce qui m'a pris, bafouillez-vous, misérablement. Je me sens très humiliée.

— Bah ! ce n'était rien. Une simple bouffée délirante. Cela arrive souvent après une anesthésie lourde.

— Je vais rester longtemps ici ?

— Ça, c'est le docteur qui va décider.

Justement la porte s'ouvre. Entre un médecin... arabe.

Vous le regardez, médusée.

Il sourit. Il doit être habitué.

— Je suis marocain, de mère sénégalaise. Vous avez peur d'être soignée par un médecin afro-berbère ?

— Pas du tout ! dites-vous joyeusement. Je suis née à Tunis, et j'ai passé une partie de mon enfance et de mon adolescence au Maroc. Alors, les médecins arabes, je connais. Le nôtre était *alaouite* de la tribu royale.

— Eh bien, ma chère, dit le docteur Mohamed Chérif en souriant, félicitations ! Vous deviez être de « grande tente » *. Si vous permettez, je vais continuer ma visite. Au cas où vous auriez besoin de quoi que ce soit, faites-moi appeler. De toute façon, l'infirmière (qui était sortie en douce) va revenir.

Il a à peine refermé la porte que vous décrochez votre téléphone. Vous appelez Psy bien-aimé dont vous connaissez le numéro personnel par cœur, et vous lui narrez, d'une voix effondrée, comment vous avez battu un docteur, la nuit précédente, et hurlé des insanités qui ont réveillé tout l'hôpital !

Il rit.

— Ce n'est pas bien grave. Ces petites crises d'hystérie arrivent souvent. Question d'anesthésie.

— Je me sens déshonorée ! larmoyez-vous. Je voudrais m'enfuir d'ici le plus vite possible. A moins que le professeur Rocher ne me jette dehors.

— Un peu d'humilité vous fera du bien, rigole Psy bien-aimé avec malice.

— Je croyais que vous étiez psy, pas curé ! rétorquez-vous avec indignation.

— Allons, calmez-vous ! Je vais venir vous faire une petite visite un de ces jours prochains.

* Aristocratie berbère.

Du coup, votre mauvaise humeur s'envole.

— Oui, oui, oui ! S'il vous plaît, venez ! demandez-vous avec ferveur.

Dix minutes plus tard, votre mauvaise humeur est revenue. Vous avez besoin d'urgence de votre *ennemi* : le bassin.

Un étrange instrument métallique en forme de demi-guitare, avec une poignée dont vous n'avez jamais compris de quel côté elle devait se trouver.

L'infirmière qui est revenue, et à qui vous confiez votre souci, vous soulève le coccyx, mais elle est trop frêle pour votre grosse personne. Elle appelle une deuxième infirmière pour l'aider à glisser le récipient maudit sous vos fesses.

Il était temps.

Sonnerie lointaine.

— Merde ! dit la plus jeune de vos soignantes. C'est le 14 qui appelle. Celle-là, je sens qu'elle va nous emmerder toute la journée.

Elles partent en courant, vous laissant seule avec le bassin. Au bout d'une demi-heure, personne n'a réapparu. Si — l'Homme.

— Qu'est-ce que tu fais là, dans cette nouvelle chambre ? J'ai eu un mal de chien à te trouver, demande-t-il d'une voix inquiète. Et qu'est-ce que c'est que cette histoire de réanimation ?

Pas question de lui raconter que vous avez eu une crise d'hystérie. Il vous le rappellerait, en se tordant de rire, jusqu'à votre mort. Vous n'avouerez pas non plus que vous êtes (mal) installée sur le bassin du pissou.

— Tu n'as pas l'air en forme ? s'inquiète-t-il.

— J'ai un coup de pompe, mentez-vous. Je crois que je vais dormir.

— Pardon de t'avoir dérangée, je te laisse, dit votre Seigneur et Maître, en vous embrassant le bout du nez et en s'enfuyant.

Ouf !

Au bout d'une autre demi-heure personne n'est revenu. Vous vous décidez à sonner à votre tour. L'infirmière arrive immédiatement.

— Que se passe-t-il ?

— Heu... rien. Simplement vous ne m'avez pas enlevé le bassin.

— Oh ! désolée !

Elle vous soulève à nouveau mais n'arrive pas à décoller le bassin dont les bords acérés se sont enfoncés dans la chair rondelette de votre derrière. Elle sonne trois coups. Arrivée deuxième infirmière. A elles deux elles parviennent à détacher le maudit ustensile de votre arrière-train.

Elles en profitent pour vous laver, mettre la sonnette à portée de votre main, vérifier le goutte-à-goutte, refaire votre lit, etc., etc. Elles partent en souriant.

— Et n'hésitez pas à nous appeler quand vous avez besoin de nous...

Les malheureuses ignorent votre tare : vous faites pipi toutes les heures.

Ce fut un des drames de votre enfance jusqu'à l'âge de onze ans : le pipi au lit. Votre grand-mère maternelle, qui vous élevait, avait beau vous réprimander tous les matins, vous punir (privation de dessert), vous faire réciter un chapelet entier à genoux au milieu de votre chambre au lieu d'aller garder les vaches avec vos chères copines Yvette et Léa, ou de ramasser les petits champignons blancs des prés, avec lesquels Louise, la merveilleuse cuisinière de votre grand-mère, faisait pour le soir une croûte à la béchamel et aux champignons blancs (un délice !).

Quelquefois, la mère d'une petite cousine éloignée, « ignorante de votre grave défaut », vous invitait à passer une petite semaine chez elle, pour distraire sa fille et faire une « bonne action » (inviter la pauvrette — vous — dont, scandale, les parents avaient divorcé). Elle restait stupéfaite devant le nombre d'énormes valises que le chauffeur sortait de la Minerva familiale.

— Tu as emmené toute ta garde-robe ? se moquait-elle.

— Non, madame, ce sont huit paires de draps et deux alèses, expliquait à voix basse Mademoiselle Anne, votre chère gouvernante, qui chuchotait dans l'oreille de votre hôtesse les détails de votre « maladie ».

Maladie qui vous emmena au bord d'un premier suicide heureusement raté.

Vous aviez l'habitude de voir vos parents une fois par an. Votre père, officier de l'armée d'Afrique, profitait d'une perm d'un jour pour vous emmener à déjeuner à l'hôtel d'Orsay à

Paris où, bonheur immense, vous aviez le droit de manger plein de frites avec vos doigts (chose interdite chez vos grands-parents qui trouvaient cela affreusement vulgaire). Ensuite vous passiez l'après-midi dans sa chambre à recoudre ses boutons blancs sur ses chemises blanches avec du fil noir ! Cela vous amusait follement.

Votre mère, remariée avec un immense officier des Affaires indigènes (dit « Le Gorille »), vivait dans le brûlant Sud marocain d'où elle venait passer une petite semaine l'été, au château familial. En s'arrangeant pour arriver le dimanche soir et repartir le samedi matin suivant. A cause de la messe. Vos grands-parents tenaient absolument à ce que toute la famille soit présente sur « *nos bancs tapissés de velours rouge pour la grand-messe du dimanche et ainsi donner le bon exemple aux gens du village* ».

— Je m'en fous des gens du village ! J'ai juré de ne jamais remettre les pieds dans une église depuis que vous m'avez mariée de force ! hurlait votre mère.

Hélas ! c'était la pure vérité. Les noces avaient été arrangées entre les deux familles. Le matin de la cérémonie, votre mère, dans sa belle robe blanche, avec sa couronne de fleurs d'oranger sur la tête, s'était brusquement révoltée. Elle s'enferma à clef dans sa chambre et refusa de se rendre à Sainte-Clotilde où l'attendait une grande partie des membres du Bottin mondain.

Votre grand-mère la suppliait entre deux sanglots. Votre grand-père menaçait en hurlant de la déshériter. Le confesseur de la famille priait à voix haute.

— Ça suffit, ces simagrées ! s'écria brusquement l'oncle Georges, mari de la sœur aînée de votre mère et futur chef de la famille (le garçon, fierté de vos grands-parents et héritier du nom sacré de la lignée, avait été tué à la guerre de 14, comme tous les mâles de cette génération). (Ah ! cette stupide folie de s'élancer le premier en dehors de la tranchée, en uniforme de saint-cyrien, en criant aux hommes : « En avant ! Suivez-moi ! »)

Pour revenir au mariage de votre mère, l'oncle Georges donna un violent coup de pied dans la porte de la chambre qui se cassa en deux (la porte), bondit sur la rebelle et la conduisit à coups de pied dans les fesses jusqu'à Sainte-Clotilde où les représentants du Bottin mondain l'applaudirent, ce qui eut le don de ragaillardir votre mère qui entra dans l'église en souriant, la tête haute, la couronne un peu de travers.

La messe fut très belle, le lunch somptueux, et surtout, surtout, le voyage de noces fabuleux. La dot de votre père comprenait une petite Amilcar de course (le top, à l'époque) dans laquelle les jeunes mariés, pied au plancher, gagnèrent Sfax, dans le Sud tunisien, où votre lieutenant de père vivait sous la tente tout en se battant contre les tribus rebelles. Votre mère adora cette vie sous la guitoune, d'autant plus que, dans un mouvement d'ivresse sexuelle de son mari (c'est elle qui vous l'a raconté plus tard), elle lui fit jurer de ne jamais la mettre enceinte. Votre mère n'aimait pas les enfants.

Votre Papa, excellent cavalier passé par Saumur, était le capitaine de l'équipe française de polo d'Afrique du Nord. Un général, qui ne se doutait pas de toutes les conséquences de ses actes (« Quoi de plus bête qu'un général ? — Un autre général ! » était un leitmotiv dans l'armée), donc, le général en question décida d'organiser à Malte un grand match de polo contre l'équipe britannique d'Afrique du Nord. Les flottes anglaise et française transportant cavaliers, chevaux, épouses, généraux, etc., gagnèrent Malte.

Qui l'emporta ? Les Français, bien sûr. Votre Papa en tête. Hourra ! Hourra ! Vive la France ! Et le champagne fut débouché par caisses (Plop ! Plop !). Et le whisky ! Et le cognac ! Bref, vos chers parents burent comme jamais.

Et vous naquîtes neuf mois plus tard.

Votre arrivée ne fut pas accueillie avec l'enthousiasme qu'à votre avis elle méritait. Toute sa vie votre mère vous reprocha de l'avoir fait souffrir « à mourir » pendant les vingt-quatre heures que dura son accouchement à Tunis. Quant à votre père, il s'exclama, dépité : « Bordel de merde ! Une pisseuse ! » et non pas l'héritier mâle tant espéré des Buron.

Au bout de deux ou trois ans, vos parents divorcèrent. **Ci-vi-le-ment.** C'est-à-dire suivant les lois pourries de la République (dixit votre grand-père qui frôla l'infarctus). Et votre mère se remaria (toujours suivant les lois pourries de la République) avec un officier des Affaires indigènes dans le Sud marocain (votre grand-mère s'évanouit). Ramenée à elle avec des sels, elle décida de vous prendre en charge, vous et surtout votre éducation catholique. Votre grand-père, lui, entreprit de faire annuler le maudit mariage devant le Tribunal religieux de la Rote, au Vatican. Le pauvre homme ne se doutait pas de ce qui l'attendait. Certes, il y avait quantité de bons chrétiens à l'église Sainte-Clotilde (même de familles aristocratiques) pour témoigner que votre mère avait été conduite à l'autel à coups de pied dans le cul...

Mais...

... il y avait VOUS,

... preuve vivante de la consommation du mariage.

Il fallut trois procès agités à Rome, et la vente de je ne sais combien de fermes (l'Eglise coûte cher) pour obtenir la fameuse annulation. Au bout de douze ans (?). Vos grands-pères (maternel et paternel) étaient morts tous les deux. Les familles, brouillées pour des raisons financières (oncle Georges, promu chef de tribu, réclamait le remboursement de la dot de votre mère, toujours pour payer le Tribunal de la Rote). Sans compter qu'Amama (nom de votre grand-mère paternelle basque-espagnole, une dure !) ne pardonnait pas à sa bru de n'avoir pas adoré son fils comme il le méritait.

Vous, vous n'étiez qu'une fille qui, en plus, faisait pipi au lit toutes les nuits. Ce détail vous était sorti de la tête un matin où vous étiez en train de jouer *Au clair de la lune* sur le piano du salon de musique du château Buron (votre père exigeait que vous passiez une semaine, chaque été, dans son fief), quand entra Amama, brandissant votre drap mouillé. Aïe ! Aïe ! Aïe !

— Tu as encore fait pipi au lit, sale petite bâtarde ! hurla votre Basque de grand-mère, folle de colère.

Naturellement vous ne saviez pas ce que c'était qu'une bâtarde, et quand vous l'avez appris plus tard dans un livre d'histoire, vous avez trouvé cela très romanesque. Etre bâtarde de ses parents, c'est royal, non ?

Pour l'instant, vous étiez terrorisée. Amama avait les joues violettes de rage, ce qui était un très mauvais signe chez elle. Chez votre père aussi. Quand tous les deux se disputaient, on aurait dit des « bihoreaux violacés » en train de se battre (perroquets du sud de la Louisiane, appelés aussi caps-caps).

— Pour ta punition, tu vas porter ce linge dégoûtant toute la journée sur la tête ! glapit votre grand-mère paternelle.

(... Et subir les ricanements des petits cousins ? Plutôt mourir !)

— Non ! criez-vous.

Vous courez jusqu'à la fenêtre ouverte et sautez du deuxième étage dans le vide.

Résultat : les deux chevilles cassées.

Vous n'êtes jamais retournée au château Buron, et refusâtes plus tard d'assister aux funérailles de ladite Amama. Votre père, qui vous cravachait assez facilement le derrière, n'insista pas. Il se remaria **religieusement** plus tard, dès l'accord du Tribunal de la Rote (en 1945, après le Carême), et conçut à la chaîne six autres filles, plus... enfin... enfin...

Oui, vous avez deviné : il eut un fils !

— Et vous faites toujours pipi au lit ? demande avec intérêt Psy bien-aimé, venu vous rendre visite à l'hôpital comme promis (et qui avait écouté votre petit bavardage, appuyé aux barreaux du lit).

— Non. A partir de onze ans, quand j'ai été vivre chez ma mère et son mari numéro deux, au Maroc... ça s'est arrêté brusquement.

— C'est Freud qui aurait été content ! remarque Psy bien-aimé en se marrant.

8

Bruit d'un brancard roulant dans le couloir : broum-broum... griiisss-grisss... C'est pour vous. Deux Gros Bras et le brancard roulant entrent dans la salle de Réa où vous êtes. Sans frapper, naturellement. Cette manie hospitalière de ne jamais taper à la porte des malades vous exaspère de plus en plus.

— On vient vous chercher pour vous ramener dans votre chambre, dit le premier brancardier.

— Mais je n'ai pas dit au revoir ni merci au médecin ! protestez-vous.

— Bah ! Il viendra vous voir. Aujourd'hui, on a un monde fou. Un terrible accident de voiture juste devant l'hôpital qui est bourré.

Vous regardez autour de vous. A votre grande surprise, tous les rideaux blancs sont fermés. Dans la pièce, toujours un silence pesant.

— Ils sont morts ? chuchotez-vous, angoissée.

— Non, ma p'tite dame. Pas encore réveillés de leur opération.

Deux infirmières entrent à leur tour (sans frapper).

— Dépêchez-vous, les gars, on a besoin du lit.

En effet, dans le couloir, il y a une longue file de brancards avec des patients encore endormis.

Hop ! Les costauds et les infirmières empoignent le drap sur lequel vous êtes et le tirent (et vous avec) sur le brancard.

Démarrage. Re-grincements bruyants ! broum-broum... griiisss-grisss... qui ne réveillent personne.

Au bout d'une demi-heure de serpentation dans les interminables couloirs où courent des infirmières, des internes, des aides-soignants, etc., vous vous retrouvez dans votre chambre où... HORREUR !

... il y a dans le deuxième lit, à côté du vôtre, une da-dame qui a l'air aussi peu contente de vous voir arriver que vous de la découvrir.

Lèvres pincées, vous échangez des regards haineux et des grognements qui veulent dire « bonjour ».

Vous êtes furieuse. Vous ouvrez la bouche pour protester auprès de l'infirmière que tout le monde (l'hôpital, la Séc. soc., la Mutuelle, les assistantes sociales, la chère Gisèle, Mademoiselle Simone, etc., etc.) vous avait promis que vous seriez seule dans votre chambre.

L'infirmière qui vous attendait comprend très bien ce qui se passe dans votre tête et vous murmure rapidement dans l'oreille :

— Désolée, mais l'hôpital est plus que plein avec cet affreux carambolage.

De nouveau, Gros Bras et infirmières vous réinstallent, cette fois sur le lit de votre chambre, toujours en tirant votre drap doucement du brancard sur le matelas. Puis les brancardiers repartent à toute allure, broum-broum, griiisss-grisss..., tandis que les infirmières profitent de l'occasion pour vous enlever votre chemise d'hôpital et faire votre toilette en vous frottant avec les habituels gants en papier.

Votre voisine glisse un coup d'œil sournois sur votre biribi *, ce qui vous laisse complètement indifférente, ayant perdu toute pudeur couventine le jour où vous avez pratiquement accouché de Fille Aînée dans un couloir de la Sécurité sociale, sous les yeux d'un plombier fasciné **.

De toute façon, ce qui passionnait la mémère, ce n'était pas de vous voir à poil, mais de regarder la télévision.

Car il y avait dans chaque chambre (luxe inouï !) la télévision. Oui, mais une seule. Ce qui causait des problèmes sans fin et des disputes violentes si les deux malades voulaient regarder des programmes différents. On vous avait prévenue. La direction de l'hôpital, lassée des cris furieux qu'on entendait jusque dans les couloirs, avait cru régler le problème en décidant que chaque patiente aurait droit à une semaine, à tour de rôle, pendant laquelle c'est

* Autre nom du sexe féminin en 1791 (toujours l'*Almanach des Demoiselles de Paris*).

** Oui, d'accord, vous avez déjà raconté cet incident dans un autre livre, mais vous ne savez plus lequel.

elle qui choisissait les émissions (et surtout payait la location de la télé).

Pour bien montrer qui commandait aujourd'hui, votre dragon de voisine serre dans sa main le zappeur.

Et le garde serré toute la journée (elle dormit même avec).

Votre ravissante belle-sœur Ninon, l'infirmière, vous avait raconté une charmante histoire.

Une malade dut s'absenter quelques jours — avec l'accord du médecin, bien sûr — pour aller réconforter son mari, lui-même amené dans un autre hôpital après une chute. Malheureusement, cela se passait pendant **SA** semaine de télévision (déjà payée par elle). Folle de rage à l'idée que sa compagne de chambre allait profiter de son absence pour regarder les émissions qui lui plaisaient, **et à l'œil** (un comble !), elle enferma le zappeur dans son armoire dont elle emporta la clef...

Votre voisine, elle, adore les séries américaines, le lundi après-midi, sur TF1, que vous trouvez idiotes, mais déteste les Informations politiques et débats divers qui vous passionnent.

Pour vous embêter, elle a une idée. Elle fait défiler, à l'heure des Informations qui vous passionnent, un ou plusieurs membres de son innombrable famille (le dimanche ils sont tellement nombreux qu'ils doivent aller emprunter des chaises libres dans les autres chambres). Et elle échange (votre voisine) avec ses visiteurs une conversation à tue-tête.

Vous êtes naturellement obligée de monter le son de la télévision.

Une aide-soignante ou une infirmière entre alors en trombe dans votre chambre vous prévenir avec sécheresse que tous les malades du coin se plaignent du tapage de votre télé : « Baissez le son, s'il vous plaît, madame ! » ordonne-t-elle sèchement. Vous, vous êtes trop fatiguée (et peut-être mieux élevée) pour discuter. Vous réclamez alors aux infirmières des boules Quies pour boucher vos oreilles, et vous mettez votre drap sur la tête pour ne pas voir les bêtises de la télé. (Hé oui ! il y en a parfois.)

Plus tard dans l'après-midi, vous voyez arriver une minuscule Cambodgienne trimballant dans ses bras une énorme machine bizarre qu'elle pose sur votre lit *. Puis elle prend délicatement votre jambe droite et l'étend sur cet étrange appareil. Vous la regardez s'agiter avec une certaine inquiétude.

— Non, non, n'ayez pas peur, cela ne vous fera pas mal, gazouille-t-elle en tripotant des boutons.

Tu parles ! Vous poussez un hurlement de douleur. La machine s'est mise en marche, pliant et étendant à toute allure votre genou opéré.

— Arrêtez ça ! criez-vous.

La petite créature asiatique tourne précipitamment un bouton, et le mouvement ralentit.

* D'après Ninon, il s'agit d'un « arthromoteur »...

Elle vous explique qu'il s'agit de réhabituer tout doucement votre genou à faire de la gym.

Les heures passent, tranquilles (malgré la télé de votre affreuse voisine, mais vous avez fini par vous y habituer). Vous lisez paisiblement, les oreilles toujours bouchées par vos boules en cire, et votre drap sur la tête.

Tous les jours, la petite Cambodgienne apporte courageusement son « arthromoteur », et vous remarquez avec bonheur que, petit à petit, votre genou se plie et se déplie un peu plus vite.

Un après-midi, une infirmière vient vous prévenir :

— Demain, une ambulance vous emmènera dans un Centre d'Imagerie médicale.

Vous êtes tellement habituée aux examens (vous en avez presque tous les jours) que vous répondez avec indifférence :

— Ah bon !

— Mais cela va durer longtemps, au moins plusieurs heures, et peut-être même toute la journée, insiste Madame Christiane (oui, vous savez son nom, l'âge de ses enfants, ce que fait son mari, et elle vous chouchoute).

Elle ajoute gentiment :

— Vous qui lisez tellement, prenez un bouquin bien épais.

Du coup, votre curiosité s'éveille.

— Ah bon ! Qu'est-ce qu'on va me faire ?

— Une scintigraphie myocardique sous Persantine.

— Une **quoi** ?

— Un examen du cœur.

— Mais je n'ai rien au cœur ! vous exclamez-vous, indignée. J'ai été voir mon cardiologue avant l'opération du genou, et tout allait bien de ce côté-là !

— Je ne suis au courant de rien, avoue l'infirmière. Il faut que vous demandiez directement au chirurgien ou à la cardiologue de l'hôpital.

Menteuse ! Elle sait très bien. Mais elle répond comme les manipulateurs en radiologie qui, après avoir bien examiné vos images, vous répondent si, inquiète, vous leur demandez :

— C'est bon, ou il y a quelque chose ?

— Le professeur vous le dira lui-même, réplique alors sombrement l'infirmier-radiologue. (Le temps que le Grand Patron vous reçoive, vous avez pu imaginer plein de choses effrayantes.)

Mais aujourd'hui, à l'hôpital des Tilleuls, le chirurgien opère, et la cardiologue consulte. Vous ne pouvez donc pas les questionner.

Tant pis ! Vous verrez bien ! Vous téléphonez simplement à votre cher mari que, demain, vous ne serez peut-être pas là en fin de journée.

— Pourquoi ? Tu vas faire la bringue ? demande-t-il gaiement.

C'est son expression préférée. Qui vous exaspère.

Avez-vous une réunion de parents d'élèves (ce que vous détestez, vos filles étant généralement les dernières de la classe, et vous craignez toujours leur renvoi. Surtout pour Fille Aînée, insolente et organisatrice en chef de tous les chahuts. Petite Chérie, elle, n'apprend jamais rien mais attendrit les profs : « Elle a un si gentil sourire... »), l'Homme vous dit alors : « Ah ! Ah ! tu vas faire la bringue avec les profs de l'école ! »

— Vas-y, toi, faire la bringue à l'école ! avez-vous répondu un jour où vous étiez énervée. Tu y retrouveras un de tes vieux copains de la Sorbonne, Yves Machintruc, qui est prof d'histoire.

— Ah, je ne savais pas ! Et comment est-il, maintenant ?

— Toujours saoul !

— Tu te fous de moi !

— Pas du tout ! Moi non plus je ne l'ai pas cru quand Petite Chérie me l'a dit. Mais à la dernière réunion, il titubait.

— Il faut immédiatement enlever nos filles de cette école !

— Trouves-en une, toi, d'école ! Et avec leur carnet scolaire, bonne chance !

Non seulement il ne cherche pas, mais cinq minutes plus tard, il a complètement oublié le problème des études de ses héritières. Après tout, cela fait partie de votre boulot de mère, non ?

Allez-vous à l'enterrement d'un ami que vous aimiez beaucoup (mais pas votre époux) : « Tu vas faire la bringue au cimetière ? » interroge-t-il avec un sourire narquois en coupant et en avalant une tranche de saucisson (ce qui lui rougit immédiatement le nez ; aucun médecin n'a jamais trouvé pourquoi, même à la célèbre clinique Mayo aux USA).

Le coup de « la bringue au cimetière », vous ne supportez pas. Vous sortez de la cuisine en claquant la porte et vous disparaissez pour le déjeuner. Démerdassek, enfant de salaud ! Et vous allez avaler un délicieux sandwich du boulanger du coin avec un verre de vin rouge. C'est avec le boulanger que vous faites la bringue !...

Vous avez à peine raccroché le téléphone de l'hôpital au nez de votre affreux mari, sans lui dire que vous allez prendre le thé avec M. Persantine, que deux internes entrent, se dirigent vers vous, sans vous dire bonjour ni se présenter (comme d'habitude), lisent la pancarte accrochée à votre lit où sont inscrits les renseignements vous concernant (à moins que ce soit ceux de la voisine), vous tournent le dos et se mettent à chuchoter une discussion à votre sujet. Vous ne saurez jamais de quoi ils parlent. Ça vous énerve ! Ça vous énerve ! Mais c'est comme ça, dans les hôpitaux : nul ne vous dit bonjour ni ne vous donne un tout petit bout d'explication sur votre état, que le professeur. S'il passe par là...

Le lendemain, comme prévu, broum-broum... griiisss-grisss... deux Gros Bras entrent dans votre chambre (sans frapper, bien sûr) et vous aident gentiment à vous installer sur votre brancard jusqu'à la sortie de l'hôpital où vous attend une ambulance.

— Où allez-vous ? vous demande Gros Bras numéro 1.

— Mais... je n'en sais absolument rien ! vous exclamez-vous. Je croyais que l'infirmière vous l'avait dit.

Où diable vont-ils vous emmener, ces deux idiots ?

— T'énerve pas, connard ! dit Gros Bras numéro 2. J'ai la lettre du professeur dans ma poche, et un bon pour le pavillon de l'Imagerie médicale.

L'ambulance démarre, Gros Bras numéro 1 au volant, Gros Bras numéro 2 assis à côté de vous, pour entretenir aimablement la conversation.

Cela ne vous empêche pas de découvrir que cette ambulance saute dans tous les sens, et que vous êtes ballottée comme une boulette de viande caucasienne dans une poêle.

— Ce chemin n'est pas très bon, murmurez-vous à votre voisin qui désormais vous tient le poignet solidement.

— Ce n'est pas le chemin, mais les amortisseurs de l'ambulance qui sont foutus, avoue à voix basse Gros Bras numéro 2.

Arrivée à un charmant pavillon au milieu des bois. On vous attend. Les Gros Bras sortent le brancard de l'ambulance, et un troisième Gros Bras les aide à vous étendre sur un lit, curieusement placé dans un coin de l'entrée, derrière un paravent.

Ensuite un infirmier vient vous faire, comme prévu, une prise de sang, plus une piqûre, et vous prévient que vous allez devoir attendre quatre heures avant l'examen.

Vous avez une pensée reconnaissante pour Madame Christiane des Tilleuls qui vous avait conseillé d'emporter un gros livre. Vous vous plongez donc dans *Le Bûcher des vanités*, de Tom Wolfe (700 pages). A intervalles réguliers, l'infirmier vient vous demander gentiment si tout va bien.

Vous lui assurez que oui, avec un grand sourire.

Il repart, l'air épaté de voir une patiente lire un si gros bouquin.

Enfin, les trois Gros Bras vous assoient dans un fauteuil roulant (c'est la première fois) et vous conduisent jusqu'à la radiologie. Puis au cabinet du radiologue en chef. Celui-ci est tout jeune, beau (mais si ! mais si !), bouclé (comme votre gendre). Il vous accueille avec un sourire radieux :

— Tout va bien !

Vous répondez avec un rire ravi :

— Formidable ! Merci.

Hélas, il ment. Vous vous apercevrez, petit à petit (surtout au bout de six mois d'hôpitaux et de cliniques), que la première préoccupation de vos chers médecins n'est pas de vous guérir, mais, surtout, de ne pas vous effrayer en vous disant la vérité toute crue. Ainsi, s'ils vous disent : « Vous n'avez pas grand-chose », c'est que c'est grave. S'ils vous disent : « Vous en avez pour un mois », comptez deux ou trois mois. S'ils vous disent : « Oh ! là, là ! C'est embêtant ! » comptez une bonne année. Ou même plus.

Avec votre grande gueule, vous l'avez fait remarquer à tous vos Hippocrates. Ils se sont défendus en attaquant (bonne stratégie !) — « Mais ce sont les malades qui ne veulent pas savoir ! Très peu nous interrogent sur leur mal. Alors pourquoi les obliger à être vraiment au courant et à s'inquiéter ? »

L'ambulance vous ramène, toujours ballottante, à nouveau jusqu'aux Tilleuls. Trop tard pour votre exercice de gymnastique du genou. La petite kiné cambodgienne est désolée, mais elle a un planning serré et votre heure est passée.

— Et si vous essayiez de marcher un peu dans le couloir avec vos cannes anglaises ! suggère-t-elle.

— Mais je n'ai pas de cannes anglaises, dites-vous. Juste des béquilles.

— Pas grave ! Des béquilles, c'est très bien aussi.

Vous clopinez donc doucement dans le long couloir, quand vous entendez derrière vous le bruit d'une course folle. Vous tournez la tête. C'est le professeur Rocher en train de s'exercer pour le marathon de New York ou du *Figaro*. Vous vous plaquez contre le mur pour le laisser passer (à cette vitesse, il serait capable de vous écraser), mais il s'arrête à votre hauteur, fait quelques exercices respiratoires, et vous explique :

— Cela me détend entre les opérations. Et vous, comment ça va ?

— Bien. Très bien. (A votre tour de mentir !) Je sors après-demain.

— Parfait. Et dans quelle clinique de rééducation allez-vous ?

— Directement en ambulance chez mon cher professeur Castelmaure, près de Senlis.

— Vous lui ferez toutes mes amitiés. J'ai longtemps travaillé avec lui. Mais il paraît que votre chambre est transformée en bibliothèque, et qu'il vous faudra louer une camionnette pour transporter tous vos livres.

Vous éclatez de rire :

— Non, c'est mon mari qui s'en occupe. Il envoie le camion-frigo des Bateaux-Mouches qui va chercher les légumes le matin à Rungis.

— Bonne organisation ! Et quel est le prochain bouquin que vous avez l'intention de lire ?

— *Oswald*, de Norman Mailer.

— Ah ! je l'ai trouvé très intéressant.

C'est parti ! Vous avez déjà remarqué que le monde médical est passionné par la littérature et que vos chers docteurs n'ont aucune envie de parler de maladies, mais des livres qui viennent de paraître. Vous commencez une discussion acharnée sur Amélie Nothomb. Hélas ! une infirmière apparaît au bout du couloir.

— Professeur ! Professeur ! Le patient est prêt !

— J'arrive, soupire le « chir ». (*A vous :*) N'oubliez pas de venir me voir dans un an (il faut que vous preniez rendez-vous dès maintenant !), et ensuite tous les deux ans, que je vérifie si tout va bien.

Vous n'avez même pas le temps de lui dire merci qu'il s'est déjà élancé vers le bloc.

Le surlendemain, vous êtes prête à partir à 10 heures moins le quart (légèrement en avance, malgré les recommandations de votre Papa-Colonel : « Avant l'heure, ce n'est pas l'heure ; après l'heure, ce n'est plus l'heure »). Attend à côté de vous le chauffeur de votre mari, le Petit Michel, avec son éternel air de garçonnet (ce qui ne l'a pas empêché de gagner son dernier match de boxe/poids léger, et de déménager tous vos livres et affaires diverses dans le camion-frigo qui bouche la cour).

Vous avez embrassé votre nouvelle compagne de chambre que vous êtes triste de quitter. Une charmante et ravissante jeune femme qui travaillait à la mairie de Béziers (à soixante kilomètres de la Micoulette). Un soir, sortant la dernière, et tandis qu'elle fermait la porte d'entrée à clef, elle reçut dans la nuque un coup de revolver tiré par un ado récidiviste (moelle osseuse coupée). Elle est hémiplégique depuis quatre ans. Il y a des moments où vous regrettez la punition biblique : « œil pour œil, dent pour dent ». Pire. Vous êtes pour la mort de ceux qui violent et assassinent les petits enfants. Désolée, Maître Badinter !

Une infirmière entre dans votre chambre. Ah ! enfin, vous allez partir !

— La cardiologue vous fait dire que votre

départ pour le Centre de Rééducation du Val-d'Alette est retardé. Elle veut vous parler avant de vous faire faire de nouvelles radios.

Vous restez ébahie.

— Encore des radios !

L'infirmière a un geste d'ignorance et disparaît. L'heure du déjeuner arrive. Vous n'êtes plus supposée être encore là. Donc, aucun déjeuner prévu pour vous. Ni, naturellement, pour Petit Michel. Vous allez quêter dans les chambres alentour, et vous rapportez deux tranches de jambon, quelques carottes qu'une autre patiente avait probablement refusées, du pain, et quatre yaourts. Vous partagez avec votre petit chauffeur.

Quinze heures. Vous en avez carrément marre d'attendre sans rien avoir à lire (vos bouquins ont déjà été tous transportés dans le camion-frigo par Petit Michel). Et puis vous commencez à être inquiète. Que se passe-t-il ? Pourquoi cette insistance avec votre cœur ?

L'infirmière réapparaît, tenant une énorme enveloppe.

— La cardiologue est désolée, elle n'a pas le temps de vous voir (bon signe : si elle vous traite aussi légèrement, c'est que vous n'avez rien au cœur). Elle vous fait dire de vous rendre quand même à la radiologie où vous êtes attendue. Et surtout d'aller voir votre cardiologue, le docteur Brunetti, quand vous sortirez du centre du professeur Castelmaure. Voici votre dossier.

Elle vous tend l'immense enveloppe et, hop, disparaît.

Vous vous levez tant bien que mal de votre lit,

boitillez jusqu'à votre fauteuil roulant et partez à la radiologie en vous heurtant dans tous les murs, car vous n'êtes pas encore très habituée à manier votre engin.

Cauchemar : devant la radiologie se trouve déjà une longue file de fauteuils roulants. Merde !

Heureusement, un manipulateur entrouvre la porte, sort la tête et crie :

— Madame de Buron ?

— Je suis là !

— Venez immédiatement.

Les autres fauteuils roulants commencent à grogner : « On était là avant elle ! »... « Moi, j'attends depuis une heure ! »... « Qui c'est cette bonne femme, d'abord ? »... etc.

La tête du manipulateur explique :

— Mme de Buron doit partir d'urgence au Centre de Rééducation du Val-d'Alette, près de Senlis, où on l'attend depuis 11 heures ce matin. L'ambulance attend aussi, et les brancardiers également.

L'émeute s'arrête.

— Il n'y a pas que l'ambulance qui attend, moi aussi, j'attends ! remarquez-vous aigrement.

— Vous en avez pour cinq minutes, dit le radiologue d'un ton apaisant.

Vous savez maintenant traduire le langage médical : cinq minutes veulent dire vingt minutes. Bon !

Erreur.

Dix minutes plus tard (le manipulateur devait être pressé, lui aussi), vous êtes enfin dans l'ambulance qui fonce vers Senlis. Vous êtes ballottée de nouveau comme une grosse boulette caucasienne dans sa poêle. Pourtant, ce n'est pas la même ambulance de la même société, ni les mêmes Gros Bras que la dernière fois. Il est évident qu'il y a une épidémie dans les amortisseurs des ambulances. Peut-être devriez-vous prévenir les hôpitaux-garagistes ?

9

Vous êtes accueillie chaleureusement au Centre de Rééducation et de Réadaptation fonctionnelle du Val-d'Alette par la directrice elle-même qui vous aide à sautiller jusqu'à un fauteuil roulant, et vous pousse dans l'ascenseur puis à votre chambre où vous êtes...

... SEULE !

Vous bénéficiez d'une grande baie vitrée, avec balcon donnant sur un splendide et immense parc ! Pas de doute : vous êtes au Ritz des « Centres de Rééducation ».

Sonnerie du téléphone.

La directrice décroche et vous annonce calmement :

— Vous êtes attendue à la radiologie.

— Mais... mais..., balbutiez-vous en lui tendant votre immense enveloppe, je sors de la radiologie de l'hôpital des Tilleuls. C'est pour cela que l'ambulance était tellement en retard.

— Je sais, dit la directrice, mais c'est le règlement. Nous devons faire nos propres radios pour le dossier de chaque patient qui entre chez nous. Vous n'en avez pas pour longtemps. Je vais vous accompagner : vous ne perdrez pas votre temps à errer dans les couloirs.

Elle saisit à nouveau votre fauteuil et vous roule à toute allure dans l'ascenseur, **BING**..., puis dans un long couloir, **BOUM**...

Le radiologue a, en effet, la tête mécontente du docteur qui a attendu une heure un malade au lieu que ce soit le contraire.

— Désolée de vous avoir fait attendre, mais ce n'est pas ma faute, dites-vous.

— ... pas grave. J'en ai pour cinq minutes, dit le praticien.

Têtue comme une bourrique béarnaise, vous traduisez par : « cinq minutes = vingt minutes ». Vous avez raison.

Quand les radios sont prises, le médecin prononce alors la première phrase du dialogue rituel en radiologie :

— Ne vous rhabillez pas, je vais vérifier d'abord si les images sont bonnes.

Vous attendez donc à nouveau vingt minutes — à demi nue, assise à côté d'une énorme machine — que le « toubib » revienne et prononce la deuxième phrase rituelle :

— Vous pouvez vous rhabiller, c'est bon.

C'est à votre tour de proférer la troisième phrase rituelle :

— Est-ce que tout va bien ?

Vous attendez la réponse doctorale rituelle : « Le médecin vous le dira. »

Mais là, surprise, ce n'est pas le manipulateur

(enfui dîner) qui vous répond, mais le radiologue lui-même qui s'est occupé de vous et réplique :

— C'est parfait. Maintenant je vais vous examiner.

Il vous aide à vous allonger sur le lit et vous fait faire quelques exercices du genou de la jambe droite : Pliez... Allongez... Pliez... Allongez... etc., etc. Puis il sort de la poche de sa blouse blanche un mètre et mesure l'angle entre votre cuisse et votre jarret.

— Très bien. Ils vous ont fait faire du bon travail, aux Tilleuls. Dans un mois vous pourrez galoper comme une petite gazelle.

Vous êtes ravie.

A tort. Mais vous ne le savez pas encore...

... parce que, là, il ment, lui aussi, « l'hypocrite Hippocrate » (surnom donné aux médecins par votre cher kiné qui masse depuis vingt ans votre petit bidon. Ce qui fait ricaner Psy bien-aimé : « C'est lui qui maigrit... pas vous !!! »).

Olé ! ça y est ! Vous êtes installée avec ravissement dans votre lit, avec le plateau du dîner sur une table roulante. Vous avez une faim de loup et vous vous jetez sur une délicieuse soupe.

On frappe à la porte. Tiens, ici, les gens frappent à la porte avant d'entrer ! La classe !

Apparaît une jeune fille très élégante.

— Je suis la diététicienne, annonce-t-elle, et je viens discuter de vos menus avec vous.

Non seulement vous êtes au Ritz, mais aussi à la Tour d'Argent.

— Combien pesez-vous ? demande la créature qui, vous vous en apercevez maintenant, est mince comme une allumette. Aïe ! cette question laisse présager un régime.

— Je ne me pèse jamais, répondez-vous avec un large sourire.

La petite diététicienne vous regarde avec effarement :

— Mais vous devriez monter sur la balance tous les jours à votre réveil !

— Je me lève pour écrire à 5 heures du matin, et, à cette heure-là, personne n'a envie de se peser. De toute façon, je sais que j'ai six ou sept kilos de trop et que je dois m'habiller chez Marina Rinaldi ou Elena Miro : « les Dior des Grosses » !

— Vous ne voulez pas profiter de ce mois que vous allez passer chez nous pour essayer de les perdre, ces six ou sept kilos ?

Elle a l'air tellement suppliant que vous craquez. Et puis, mincir est l'un de vos rêves secrets depuis la naissance de Petite Chérie.

— Heu... Oui... Bien sûr... bonne idée !

Vous savez très bien, pour l'avoir essayé dix fois, cent fois, mille fois, que vous arrêterez votre régime au bout de quelques jours. Vous savez à peine cuire un œuf à la coque mais vous êtes, hélas, affreusement gourmande... au restaurant !

La jeune organisatrice des menus, elle, est ravie de son succès (apparent).

— Tous les samedis, je vous donnerai, ainsi

qu'à la cuisine, la liste de vos menus pour la semaine suivante. Y a-t-il quelque chose que vous détestez **vraiment** ?

— Les épinards.

— Dommage, c'est très bon pour la santé !

Cependant elle le note sagement sur sa liste. Pendant ce temps-là vous revoyez la scène.

Vous aviez six-sept ans et, enfin, le droit de prendre vos repas dans l'immense salle à manger du château familial, avec vos grands-parents maternels. A condition, naturellement, de ne pas parler, ni de mettre vos coudes sur la table, ni de ne rien laisser dans votre assiette, mais de finir votre pain jusqu'à la moindre miette (« Pense à tous ces pauvres petits Chinois qui meurent de faim ! »). Depuis, vous avez fini par détester « les petits Chinois » et, plus tard, vous refuserez, à la grande surprise de votre époux, de l'accompagner à Shanghai.

Un soir, pouah ! Bernard, le maître d'hôtel (en gants blancs), présente à table un énorme plat d'épinards recouverts de croûtons. D'abord à votre grand-mère, puis à votre grand-père qui, curieusement, les saupoudre de sucre (épinards et croûtons), et, enfin, à vous...

Et là, pour la **première** fois de votre vie, vous vous rebellez.

— Je ne veux pas manger les épinards, dites-vous à votre grand-mère.

— Bernard, déclare froidement celle-ci, veuillez servir à Mademoiselle deux grosses cuillères d'épinards dans son assiette.

Bernard obéit d'un air désolé.

Vous croisez les bras et, les dents serrées, regardez fixement le gigantesque tableau, sur le mur en face de vous, qui représente trois énormes aigles en train de dévorer une biche (symboles de la Russie, de la Prusse et de l'Autriche dépeçant la Pologne). Tableau qui, maintenant, orne... la salle à manger de la Micoulette, et que vous continuez à regarder pendant les repas, en vous rappelant avec tendresse votre enfance.

— Tu n'auras rien d'autre tant que tu n'auras pas mangé tes épinards, vous annonce d'une voix sévère votre aïeule.

Le lendemain, au petit déjeuner, la deuxième petite femme de chambre apporte dans votre chambre un plateau où trône, toute seule, votre assiette d'épinards de la veille. Froids.

— Désolée, dit gentiment Marinette, mais ce sont les ordres de Madame la Baronne.

— Je sais. Merci, Marinette, mais je ne les mangerai pas.

Déjeuner à la salle à manger. Bernard pose devant vous l'assiette d'épinards de plus en plus froids. Vous n'y touchez toujours pas. Votre grand-père s'émeut et tortille ses moustaches qu'il frise le matin, à la gauloise (vous adorez le regarder faire).

— Ne pourrait-on pas..., commence-t-il.

— Non ! dit sèchement votre grand-mère.

Hélas, votre chère gouvernante, Anne de la G., est en vacances chez ses parents, dans leur donjon délabré, et la jeune fille écossaise qui vient la remplacer et vous apprendre l'anglais n'est pas encore arrivée. Aucune importance : vous ne l'aimez pas, et vous n'avez seulement appris, grâce à elle, que — tandis que la pendule sur la cheminée sonne les neuf coups : « Nicôle, *nine o'clock* ! *Time to bed*. »

Dîner, le soir : épinards glacés.

Petit déjeuner du lendemain matin : épinards de plus en plus glacés et commençant à devenir marronnasses.

Déjeuner : épinards complètement marron et secs.

Vous commencez à crever de faim malgré la tartine de rillettes que vous ont apportée en cachette vos chères copines, Yvette et Léa, et les délicieux petits sablés que vous a glissés la grosse Louise, réputée la meilleure cuisinière de Paris. N'a qu'un seul défaut : elle se saoule à mort le dimanche après-midi, son jour de congé, et vos grands cousins doivent se mettre à quatre pour la remonter en haletant par le petit escalier de service, dans sa chambre au troisième étage.

Dîner du soir, vous craquez.

Rouge de honte et de rage, vous avalez sans les mâcher vos immondes épinards.

Vos grands-parents restent impassibles... même quand vous les vomissez sur le parquet de chêne merveilleusement ciré...

— Eh bien ! s'exclame la diététicienne à qui vous n'avez pu vous empêcher de raconter l'histoire, elle ne vous aimait pas beaucoup, votre grand-mère...

— Mais si ! Elle m'aimait énormément ! Simplement, elle m'éduquait à l'ancienne.

La jeune femme, avec vos menus, s'enfuit à la cuisine. Vous vous dépêchez d'avaler une deuxième cuillère de soupe qui commence, elle aussi, à être froide. Vous avez à peine le temps de déglutir qu'on frappe de nouveau à votre porte. Décidément, vous vous demandez si ce n'était pas mieux quand personne ne venait vous rendre visite pendant votre dîner.

Entre dans votre chambre une grosse dame souriante.

— Je m'occupe de la location des lignes de téléphone privées et de la télévision. Cela vous intéresse-t-il de vous abonner ?

— Bien sûr !

Vous toute seule avec le zappeur, et les longs bavardages téléphoniques que personne n'écoutera en faisant semblant de regarder le plafond ? Wouaaah !...

Deux erreurs :

Un : vous vous apercevez rapidement que vous êtes plus fatiguée que vous ne l'aviez cru, et que vous n'avez aucune envie de parler à personne. Seuls, donc, auront votre numéro personnel :

1) L'Homme, qui vous appelle tous les matins et passe également vous voir en fin d'après-midi (vous aimerait-il plus que vous ne le croyiez ? Ou a-t-il peur que vous mouriez ?),

2) Petite Chérie qui, elle, vous téléphone tendrement vers 1 heure de l'après-midi, après votre déjeuner et avant la sieste de Milena. Elle

prend longuement de vos nouvelles, vous raconte ce qui se passe à la Micoulette (un orage de grêle a abîmé une parcelle de vigne — merlot rouge. Le cantonnier aurait vu le fils Palar se promener enlacé avec la fille Viétom, dans les bois du col de l'Espinasse. Deux vieilles dames américaines ont acheté le presbytère (le curé est mort et personne ne l'a remplacé). Allons bon ! Des « estrangères » dans le village !... Pourvu qu'il ne s'agisse pas d'une secte ! Milena trouve que la conversation dure trop longtemps. Elle arrache le téléphone à sa mère et avec sa petite voix et son accent mi-français mi-monténégrin vous chuchote : « Bonjou, Baba (grand-mère en serbe)... je t'aime. » Un grand moment de bonheur !

Autre chose : la télévision vous agace. Vous ne la regardez plus. Pardon, mâme Télé ! vous aviez l'habitude, pourtant, de suivre avec passion les informations et les débats politiques. Désormais, vous ne comprenez plus rien du tout (anesthésie ?).

Une chose vous énerve prodigieusement.

Les journalistes ou les animateurs — enfin, ceux qui interrogent — ont tendance à couper tout le temps la parole à leurs invités pour donner eux-mêmes, et longuement, leur propre vision des choses. Il arrive que l'invité ne se laisse pas manipuler et les deux interlocuteurs beuglent en même temps, et vous comprenez encore moins. Sans compter que vous avez la naïveté de penser que, si invité il y a, c'est parce qu'il (ou elle) connaît mieux le sujet du débat. Parfois vous rêvez d'entrer en trombe dans le studio et de bâillonner avec votre foulard indien l'interrogateur bavard. Par exemple S... Non ! Non ! Vous ne donnerez pas de nom ! Votre éditrice vous l'a interdit. « Censure ! Censure ! » vous êtes-vous rebellée. — « D'accord ! S... est un con verbeux, mais maintenant on va lui confier une émission littéraire à 2 h 17 du matin, et s'il lit ton livre, il ne t'invitera jamais, explique votre copine, la directrice littéraire. — Je me fous complètement des émissions littéraires à 2 h 17 du matin ! » Tous les honnêtes travailleurs (il y en a encore, si ! si !) dorment à cette heure-là, et vous aussi.

La loueuse des téléphones directs au Val-d'Alette est bien d'accord avec vous. Elle s'est toujours demandé qui pouvait regarder « *Les Colombes du Rwanda* à 3 h 10, ou *Turbo* à 4 h 05 du matin, etc. Elle s'en va en vous promettant de prévenir la standardiste de ne vous passer personne sur la ligne du standard, oui, c'est ça, **personne** ! et de revenir, elle, le lendemain matin, avec le zappeur de la télé.

En sortant, elle se cogne dans un grand type en blouson de cuir. Vous commencez à en avoir marre de ce défilé. Vous voudriez bien qu'on vous laisse manger votre soupe tranquille, même froide.

— Je suis le vaguemestre, dit le « civil », c'est moi qui poste votre courrier et qui vous distribue les journaux le matin, si vous en voulez.

Vous le regardez, étonnée.

— Je sais ce que c'est qu'un vaguemestre, je suis fille d'officier, mais je ne savais pas que nous étions dans un centre de rééducation militaire !

— Non ! Non ! Nous ne dépendons pas du ministère de la Guerre ! rigole le préposé au courrier, mais on appelle « vaguemestre » celui qui fait le va-et-vient entre la poste et les cliniques ou les hôpitaux du coin.

— Ah bon ! Au moins j'aurai appris quelque chose aujourd'hui. J'aimerais avoir le matin tous les quotidiens, y compris *Le Monde* de la veille. Chaque semaine tous les hebdos, politiques ou pas, et, bien sûr, tous les magazines féminins, etc., etc. Bref, tout ce qui paraît. Je vous écrirai une petite note la veille.

— Vous voulez dire une grande liste ! remarque le vaguemestre. Il va falloir que la poste m'achète une nouvelle camionnette pour transporter votre courrier. Et vous lisez tout ça ?

— Non, seulement les titres, les sous-titres, et je regarde les images.

Il rit.

— C'est déjà du boulot !

— Pas tellement, parce que je ne sais pas comment les journalistes se débrouillent, mais ils parlent tous de la même chose la même semaine. Quelquefois, la couverture est pratiquement identique. Ils doivent avoir des espions les uns chez les autres.

Le vaguemestre est chassé par une infirmière de l'équipe de nuit qui se présente courtoisement :

— Je m'appelle Héloïse.

— Quel joli nom ! vous exclamez-vous.

Elle vous demande si l'infirmière de l'équipe de jour vous a bien donné vos médicaments.

— Oui. Il ne me reste qu'à prendre mes somnifères ce soir, au moment de dormir.

Héloïse fronce les sourcils.

— Parce que vous prenez des somnifères ?

— Depuis quarante ans.

Héloïse reste les yeux ronds.

— Vous n'avez jamais essayé de vous désintoxiquer ?

Allons bon ! Votre infirmière de nuit fait partie de l'ancienne génération qui croyait aux bienfaits de la douleur.

— Oh si, souvent ! Mais non seulement je ne dors pas cinq minutes de la nuit, mais ensuite, je ne peux pas travailler le lendemain. Alors je déprime. Le docteur l'a d'ailleurs marqué sur le grand cahier noir où sont indiqués les médicaments que doivent prendre les malades.

Vous sentez que vous avez tort de discuter de ce problème avec une infirmière du XIXe siècle qui ne croit pas à la dépression ni aux médicaments. Et pour qui « souffrir vous fait gagner le Ciel ». Tant pis. Héloïse a l'air brusquement moins aimable et vous tend un papier.

— Voici le planning des exercices que vous devez faire tous les jours. Les heures sont indiquées en face.

Vous regardez :

- 9 heures : kiné,
- 10 heures : gymnase,
- 11 heures : piscine.

Cet horaire vous convient très bien. La perspective de la piscine, surtout.

— Et l'après-midi, qu'est-ce que je fais ?

— Vous marchez. Dix fois le tour du parc.

Oh ! là, là ! Vous qui boitez encore avec vos cannes anglaises (finalement offertes par l'Amour de votre Vie) pour vous rendre à la salle de bains, vous n'y arriverez jamais.

Surtout que tous les jours il pleut à torrents, et que si ça continue vous voilà cloîtrée pour cinq semaines.

Le lendemain matin, à 9 heures pile (« Avant l'heure, ce n'est pas l'heure ; après l'heure, ce n'est plus l'heure », on connaît par cœur), vous entrez dans la cabine de la kiné. Elle n'est pas là. Elle ne doit pas avoir eu un père dans l'armée. Enfin, vous l'entendez galoper dans le couloir et, sans reprendre son souffle, elle se précipite sur vous pour vous arracher vos pantoufles (de plus en plus trouées), votre pantalon de jogging, et commencer à vous masser le genou droit.

Elle est charmante, jolie, souriante... et bavarde (même plus que vous !). Du reste, au fur et à mesure que les jours passeront, vous remarquerez que les kinés sont des papoteurs.

D'abord, une pluie de questions s'abat sur vous.

— Comment cet accident vous est-il arrivé ?... En tombant sur la tête !... La nuit dans un escalier !!... Et vous n'avez rien à la nuque ?... C'est très curieux... On peut dire que vous avez de la chance !... Etc., etc.

Vous rendez la politesse en vous intéressant à son cas.

— Depuis combien de temps travaillez-vous au Centre de Rééducation du Val-d'Alette ?

— Onze ans. Mais je pars le mois prochain avec mon époux et les enfants nous installer dans le Midi où l'Education nationale a muté mon mari. Et j'ai rendez-vous la semaine prochaine avec un hôpital qui...

A ce moment-là, un kiné mâle à moustaches l'interrompt.

— Dis donc, Mimi, tu seras là demain à 16 heures ? Ça m'arrangerait de changer d'heure avec toi.

Et vous vous apercevez que, hélas, la porte de la cabine est restée ouverte. Toutes les portes des cabines sont ouvertes. Exprès, bien sûr. Un flot de masseurs, de masseuses, de kinés, d'infirmières, etc., etc., passe dans le couloir, s'arrête, et bavarde avec Mimi qui ne s'intéresse plus du tout à vous (elle continue tout de même à vous masser avec entrain).

Vous vous consolez en écoutant les conversations, ce qui vous met au courant de ce qui se passe dans le Centre de Rééducation du Val-d'Alette. Vous apprenez ainsi que votre cher professeur Castelmaure a eu lui aussi un accident : il est tombé et s'est cassé les deux poignets. Il ne peut même plus manger sa soupe tout seul ! Décidément, ce n'est pas une période de chance pour les médecins ! (Pourvu qu'il n'arrive rien à Psy bien-aimé ! Eh bien si ! Il s'est rompu le coude en heurtant en voiture les nouveaux « séparateurs » installés par la Mairie de Paris pour isoler les larges couloirs de bus et de taxis des voitures des vilains citoyens ordinaires.) Tout le monde rigole.

— Pourquoi riez-vous comme cela ? demandez-vous à la ronde, choquée. Ce n'est pas sympa. Je le connais bien et il est adorable.

— Moi, désolé, mais j'aime voir des médecins malades ou blessés, répond le kiné moustachu. On a l'impression qu'ils ne le sont jamais. Ça m'énerve... mais ça m'énerve !!!

— Moi aussi, ça me tue ! crie une autre petite voix. Et puis, si on a le malheur de se plaindre que, nous, on a très mal, ils ont l'air de s'en foutre complètement.

— Ça, c'est bien vrai ! Moi, gueule un immense gaillard, même Castelmaure, qui est pourtant un brave mec, il m'a dit que j'étais douillet... J'ai encore sa remarque sur l'estomac.

Nouvelle vague de rigolade.

Une infirmière qui passe :

— J'ai une copine à la radiologie de l'hôpital où on l'a emmené. On a oublié de prévenir le manipulateur qui il était : il a attendu une heure son tour pour la radio. Il paraît qu'il était fou de rage. Une infirmière a essayé de lui expliquer gentiment qu'il y avait des gens qui attendaient parfois deux et même trois heures les jours de foule. Il ne l'a pas crue.

Cela fait la deuxième fois que vous entendez cette remarque. Peut-être y a-t-il quelque chose de vrai ?

— Ce genre de détails n'arrive jamais jusqu'aux oreilles des grands patrons : c'est nous qu'on prend sur la tronche ! déclare une voix rancunière.

Applaudissement général.

— Bon, vous dit Mimi en vous renfilant à toute vitesse votre pantalon de sport, maintenant, on va au gymnase.

Dès le premier coup d'œil, vous détestez le gymnase. Un monde fou, fou, fou, va et vient, boitant dans tous les sens. Certains essaient de jouer à la balle. D'autres sont suspendus à des barres. D'autres encore essaient de se hisser sur la pointe des pieds et retombent en gémissant. Deux dames se disputent farouchement une canne, chacune prétendant que c'est la sienne.

Mimi vous apporte un énorme ballon. Vous devez vous asseoir dessus et le balancer doucement d'avant en arrière, et d'arrière en avant, toujours pour plier et déplier les genoux. Cela vous ennuie mortellement. Au bout d'une demi-heure, Mimi, qui vous surveille du coin de l'œil, vous fait faire quelques mouvements de gymnastique. Or, vous avez toujours détesté la gym. Vous vous appliquez quand même, mais sans entrain.

Vous voyez arriver de loin la diététicienne. Chouette ! Vous êtes bonne pour un petit bavardage. Même quelques minutes. Ce sera autant de pris sur l'ennemi.

— Bonjour, dit la jeune femme, je vous cherchais partout. Je voulais vous prévenir qu'à partir d'aujourd'hui vous déjeunerez avec tout le monde à la salle à manger.

Elle vous lance un sourire enchanté. Pas

vous. Vous aimez la solitude, et particulièrement celle de votre chambre.

— Je ne peux pas continuer à prendre mes repas dans mon lit ? demandez-vous, maussade.

— Le petit déjeuner et le dîner seulement. Dès que le malade commence son traitement, il est prévu qu'il déjeune avec tout le monde.

— OK, dites-vous en faisant carrément la gueule. Et c'est à quelle heure ?

— Midi et demi.

C'est déjà ça : une heure normale et non plus 11 h 30.

Passe Mimi :

— Eh bien ! C'est l'heure de la piscine, vous allez être en retard.

Votre bonne humeur revient. Vous adorez nager. Même dans l'eau parfois un peu fraîche de votre piscine à la Micoulette où votre gentil mari vous a fait construire dans un chantier naval une coque d'une longueur presque olympique, soudée solidement au rocher où se dresse votre maison.

Mais ce que vous affectionnez le plus au monde, ce sont les lagons calmes qui entourent les îles de l'océan Indien (les Maldives, l'île Maurice, les Seychelles, la Réunion, Madagascar — ah non ! pas Madagascar où vous avez failli vous retrouver en prison à cause de votre couteau de plongée. Les douaniers ont cru que vous vouliez assassiner le Président). Où grouillent de magnifiques poissons de toutes les couleurs, tailles, formes.

Et votre merveilleux époux vous a laissé

entrevoir que, dès que votre genou sera guéri, il vous emmènera aux Fidji que vous ne connaissez pas encore.

Wouaaah !...

Vous oubliez que l'Homme propose mais que Dieu dispose...

En attendant, l'eau de la piscine du Centre de Rééducation du Val-d'Alette est délicieusement chaude, et vous exécutez sans avoir mal les mouvements que le maître nageur vous prescrit d'une voix forte. Même si vous n'appréciez pas trop la brasse qui vous fait ressembler à une grenouille détraquée, ni les sauts papillons à cause de vos épaules arthrosées, ni la nage sur le dos où vous avez toujours peur de vous taper la tête contre quelqu'un ou surtout le bord de la piscine.

Ensuite, les baigneurs ont droit à dix minutes de récréation où ils peuvent faire ce qu'ils veulent. Vous, c'est la nage indienne.

Divin.

Vous montez ensuite vous changer dans votre chambre et redescendez déjeuner.

A l'entrée de la salle à manger — grande et claire —, la diététicienne vous attend. Zut ! vous aviez bien l'intention de commencer votre non-régime dès aujourd'hui. Bah ! la nourriture n'est pas si mauvaise que ça ! Il y a même vos chers yaourts. Les tables sont prévues pour quatre personnes. Pour l'instant, à la vôtre, il n'y a que deux dames tout en noir avec gros chignons de cheveux noirs et l'air farouche... Elles parlent entre elles une langue inconnue.

« Ce sont des Corses... », vous glisse la diététicienne. Allons bon ! Autant vous trouvez que la Corse est le plus beau pays du monde, autant vous n'aimez pas ce peuple qui écrit « A bas la France ! » et autres insultes sur les murs des maisons que vous louez. Une nuit, vous vous êtes glissée dans le jardin du voisin.

Heureusement, vous apprenez une épatante nouvelle. Vous avez le droit d'inviter votre conjoint à déjeuner une fois par semaine. Vite, vous sortez de votre poche votre petit portable, et vous téléphonez à l'Homme. Peut-il venir dès demain partager vos yaourts (la quatrième place est libre) ? L'Amour de votre Vie a l'air un peu surpris mais il accepte gentiment. Vous devez lui manquer... car ce n'est pas un fan des yaourts !

Quand il arrive le lendemain, vous êtes sur votre trente et un — pull orange en cachemire (votre préféré) — pantalon noir — écharpe rose (vous adorez le mélange orange et rose). L'Homme regarde avec surprise les deux dames corses qui restent impassibles. Puis il se penche vers vous et vous chuchote :

— A ton âge...

(Quoi, « à mon âge » !? Si lui aussi vous dit que vous êtes vieille, vous lui foutez un coup de genou gauche — celui qui ne vous fait pas mal — dans les couilles...)

L'Homme finit sa phrase :

— ... je m'habillerais en noir.

— Mais je m'habille en noir, le soir, pour être élégante et te faire honneur !

Vous dites cela avec un affectueux sourire qui cache vos dents serrées de rage.

— Oui, mais le reste du temps, tu ressembles à un arlequin.

Alors, là, trop c'est trop !

Feu !

Après un petit silence, vous demandez à cet enfant de salaud — que vous avez épousé un jour où vous étiez certainement distraite :

— Tu as un bout de papier et un crayon à me prêter ?

— Heu... oui..., répond-il, nettement désemparé par cette demande inattendue.

Il vous tend son agenda et un feutre « Pilot » :

— Voilà, dites-vous en écrivant avec un grand sérieux. Si tu veux, je te jure de ne mettre que des vêtements noirs à partir du jour où tu seras mort. Comme les paysannes de nos chères provinces. Mais il y a une chose que, toi, tu n'as pas réglée : tes funérailles. Désires-tu être inhumé dans le caveau de ta famille dans le Lot ? Ou incinéré, et que tes filles et moi nous jetions tes cendres dans la Seine que tu as tant aimée, de la proue du *Jean-Sébastien-Mouche*, suivi de tes treize autres bateaux en un long convoi funèbre ?!...

Et vous lui faites un large sourire.

Votre mari, furieux, donne un énorme coup de poing sur la table qui fait sauter en l'air assiettes, couverts, verres, etc. Toutes les têtes dans la salle se retournent vers vous. Les dames corses poussent même un petit cri. La serveuse accourt et vous tend la carte du déjeuner.

— Arrête tes conneries ! hurle votre très cher

époux. Et habille-toi comme tu veux ! Je m'en fous complètement !

— Parfait ! répondez-vous d'une voix douce, et, vous adressant à la serveuse : « Je voudrais, pour commencer, la salade de poireaux... »

Autre jour. Votre déjeuner, au Centre de Rééducation et de Réadaptation fonctionnelle du Val-d'Alette, se poursuit dans le silence le plus total.

Dames corses impassibles. Nourriture, ni bonne ni mauvaise. Vous vous ennuyez. Simplement, pour faire « Grand Hôtel » chic, un menu est posé à côté de chaque assiette. Vous le lisez et apprenez avec surprise que la « cantine » qui livre les plats : la Tillon Compagnie, est la même que celle dont vos petits-enfants se plaignaient tant, l'année précédente, à l'école, à Paris. Au point qu'ils préféraient aller dévorer un sandwich jambon-beurre au café du coin. Ou même un hamburger si José Bové n'était pas dans les parages. Votre fille était d'accord. Prix du déjeuner à l'école : 45 francs — prix du sandwich : 18 francs — prix du hamburger : 25 francs.

Du reste vous l'avez dit personnellement à Mme Tillon.

Vous expliquez cela à la diététicienne qui roule des yeux effarés : Quoi ? Comment ? Vous connaissez sa patronne ? Parfaitement !

La Société de communication du patronat français (ou un nom comme cela) vous avait demandé — oh ! il y a longtemps, longtemps — d'écrire un film à la gloire des femmes-patrons. A l'époque il y en avait très peu, de femmes-patrons. L'idée vous avait amusée.

C'est ainsi que vous aviez rencontré une jeune femme qui avait hérité d'une flottille de pêche à la morue, à la mort de son père. Elle se mit immédiatement au travail et décida d'accompagner ses marins à Terre-Neuve. On l'avait vaguement prévenue que la présence d'une créature femelle à bord d'un chalutier de pêche à la morue était supposée porter malheur. Elle avait ri. A tort.

L'équipage croisa les bras et refusa de partir.

La jeune femme n'hésita pas. Elle franchit la passerelle, alla s'installer au poste de commandement, et gueula dans le porte-voix du bateau que les imbéciles qui croyaient encore aux vieux racontars du Moyen Age pouvaient descendre. Ils n'auraient pas de quoi nourrir leurs femmes et leurs enfants pendant un an. « Moi, dit-elle, j'ai un équipage de remplacement de pêcheurs portugais qui sont moins cons que vous. Vous avez cinq minutes pour vous décider. »

Les rudes marins restèrent pétrifiés de stupeur.

— Dites donc, elle a des couilles, la petite patronne ! chuchota le cuisinier.

Quelques instants plus tard, le chalutier appareillait. La pêche se passa sans aucun incident, et fut même particulièrement bonne. La « petite patronne » aida ses marins à tirer le chalut et aima tellement cela qu'elle accompagna désormais sa flotte tous les ans. Seul inconvénient, son ravissant appartement sentait horriblement le poisson.

La deuxième femme-patron que vous êtes allée voir était une forte veuve d'un entrepreneur d'une société, la SA Faucon, chargée particulièrement de la peinture des grands immeubles à peine construits. Mme Faucon adorait discuter des couleurs avec l'architecte. Ce dernier remarqua un jour :

— Avez-vous changé de fournisseur pour la peinture ?

— Pas du tout. Pourquoi ?

— Je ne sais pas. Il y a des endroits où la couleur a de drôles de reflets. En plus, parfois, ça sent une curieuse odeur.

— Je vais m'en occuper, dit Madame Faucon.

Elle fonça chez le fournisseur de peinture en gros et fit ouvrir quelques pots. Couleurs parfaites, odeur habituelle, bref, RAS.

Elle décida alors d'aller faire le tour des bâtiments le lendemain à l'aube. Et, derrière une cheminée, sur le toit, aperçut un ouvrier en train de pisser longuement dans un des récipients de peinture. Pour se venger d'être dirigés par une femme — ce qu'ils jugeaient affreusement humiliant —, le contremaître et ses ouvriers urinaient dans tous les seaux. Le personnel trouvait cela très amusant.

Mme Faucon saisit alors un pot déjà ouvert et mélangé (mi-rouge brique / mi-jaune pipi) et le renversa sur la tête du contremaître.

Eclat de rire des ouvriers. Le contremaître,

fou de rage, menaça sa patronne de se plaindre aux prud'hommes.

— Allez-y ! répondit joyeusement Mme Faucon. On va bien rigoler, et eux aussi.

Le contremaître disparut. On ne le revit jamais.

C'est pendant la préparation de votre film que vous fîtes connaissance, justement, avec Mme Tillon, dont la Compagnie préparait et servait un grand nombre de repas surgelés aux écoles de France, aux prisons, et à énormément d'hôpitaux. Un boulot effarant. Vous la couvrez de compliments. Mais, curieusement, elle n'est pas très sympathique et vous écoute avec beaucoup de hauteur. Du coup, vous lui faites part des réflexions de votre fille et de vos petits-enfants. Elle se met en colère :

— Les hôpitaux, d'accord, ça rapporte. Les prisons aussi. Mais les écoles, non ! Je perds de l'argent avec les cantines. Alors que les mômes aillent bouffer des sandwichs au café du coin, je m'en fous complètement.

Vous la quittez poliment, mais en vous promettant de ne pas la mettre dans votre film à la gloire des femmes-patrons.

Vous devez partir quelques jours plus tard en Lorraine pour voir « une » maître de forges (la seule en France, vous dit-on), quand on vous prévient que vous devez participer à un grand déjeuner à Bagatelle, réservé à des femmes-patrons importantes, où un ministre de Giscard d'Estaing, président de la République, devait faire une déclaration particulièrement importante pour le sexe faible.

Vous y courez.

Cocktails champagne.

Ensuite, M. Poujade, le député-maire de Dijon (croyez-vous vous rappeler), monta sur un petit podium préparé exprès pour lui et, après avoir couvert de louanges le président de la République et ami, M. Giscard d'Estaing, annonça la grande nouvelle.

« *Les femmes salariées auront droit désormais à un congé de maternité prolongé de deux semaines, soit seize semaines au lieu de quatorze. (Six semaines avant la date prévue pour la naissance, et dix semaines après. Loi du 12 juillet 1978.)* »

Vous criez : Bravo ! et vous applaudissez.

Vous êtes la seule.

Par contre, vous entendez avec stupeur des femmes-patrons pousser, elles, des cris d'indignation :

— ... Ce n'est pas possible ! Il est fou, ce Giscard !

— ... On a déjà assez d'embêtements quand nos secrétaires sont enceintes et tout le temps fourrées chez le gynéco... !

— ... Et ensuite, quand elles accouchent et qu'il faut trouver une remplaçante qui n'est au courant de rien, c'est un cauchemar... !

— ... Sans compter qu'après, elles vous téléphonent que leurs gosses ont la varicelle, la rougeole, ou une otite. Et qu'elles ne peuvent pas venir travailler pendant trois jours.

Vous n'en revenez pas.

Cela vous rappelle les deux fois où vous avez été à l'Assemblée nationale.

La première fois pour écouter le député Neuwirth parler de la contraception. Vous aviez été stupéfaite de l'attitude des parlementaires mâles (l'immense majorité). Aucun n'écoutait le discours de M. Neuwirth. La plupart lisaient le journal. D'autres écrivaient leur courrier. Certains bavardaient et rigolaient entre eux. Quelques-uns dormaient et même ronflaient bruyamment.

Du coup, vous êtes restée plusieurs années sans voter.

La deuxième fois, ce fut pire.

La honte !

Simone Veil (une des rares personnalités politiques que vous admirez) parlait de l'IVG.

Du coup, ces messieurs se réveillèrent et les injures fusèrent :

— ... Salope... Pute... Traînée... Ferme ton bec, hein, perruche !... Ta gueule, pisseuse !... Tu n'es plus dans la course, laisse courir...

— Bougre de pétasse !... Aux chiottes !... Tu nous les casses !... Grosse conne... Sortez-la !...

— Y a que le cul qui t'occupe, ou quoi ?...

Et vous avez vu quelque chose que vous n'auriez jamais cru possible. La solide Mme Simone Veil, qui avait passé des années, jeune fille, en camp de concentration nazi, pleura.

Du coup, vous avez écrit une chronique très violente sur ces salauds de députés, qui passa en première page dans votre cher *Quotidien de Paris* qui paraissait encore. Merci, monsieur Philippe Tesson.

Brusquement, à ce déjeuner à Bagatelle, la vérité vous apparaît.

Les femelles qui vous entourent sont devenues pires que des mecs. Le pouvoir leur a tourné la tête. Elles en oublient les enfants. La France de demain. Qu'elles crèvent !

Bien entendu, vous refusez de faire le film, qui tomba dans l'oubli. Cependant, il vous semble que les choses s'arrangent tout doucement, qu'il y a de plus en plus de femmes-patrons, et qu'elles restent maternelles et amicales avec leurs secrétaires enceintes.

Avez-vous tort ?

Votre énième déjeuner à la clinique est fini. C'est l'heure où vous devez marcher dans le parc. Vous regardez de loin (vous êtes au fond de la salle) à travers la grande baie vitrée quel temps il fait.

Il pleut. Il pleut encore. Il pleut toujours.

Peut-être serait-il temps que votre mari transforme ses Bateaux-Mouches en Arches de Noé ?

Vous remontez dans votre chambre dans votre fauteuil roulant que vous ne savez toujours pas bien diriger (eh oui ! il est temps de l'avouer : vous êtes épouvantablement maladroite !). Et ça continue : BING, contre les murs !... BOUM, contre les parois de l'ascenseur !... Le pire, ce sont les roues des autres fauteuils roulants qui s'enchevêtrent avec les vôtres. Demain, vous prendrez une canne anglaise, ou une béquille, ou la canne de la belle-mère de votre kiné. Et vous commencerez à essayer de trottiner avec un pied. Pour l'instant, vous vous recouchez avec le livre numéro 1 de *Fortune de France* de Robert Merle (il y en a vingt-sept tomes).

Le lendemain après-midi, il flotte encore (*Fortune de France* numéro 2).

Arrive le week-end : toujours le déluge (*Fortune de France* numéros 3 et 4). Surprise : vous êtes seule à table. La salle à manger est presque vide ! Plus curieux encore : il n'y a que des hommes ! La serveuse vous explique que ces dames sont toutes rentrées chez elles — avec accord médical — pour faire le ménage et ranger les affaires de leurs maris. Cela les distrait, paraît-il. Vous n'en revenez pas. Vous détestez passer l'aspirateur et le chiffon à poussière (vous ne savez même pas où il est rangé). Vous refusez de ramasser les vêtements jetés par terre par votre cher grand mari. Une fois — votre femme de ménage étant absente —, son superbe pull-over de cachemire noir, offert par vous pour sa fête, resta huit jours par terre, au pied du lit. (Vous commencez *Fortune de France* numéro 5.)

Le dîner du dimanche soir ramène les ménagères qui se plaignent amèrement du temps. Fallait pas sortir mes jolies ! Les jours suivants : pluie. Pluie. Pluie.

Ras le bol.

Vous en êtes à *Fortune de France* numéro 10.

Vous décidez, avec l'accord de votre chère kiné, toujours aussi bavarde — vous connaissez chaque détail de sa prochaine maison dans le Midi —, de vous entraîner à monter et à descendre les escaliers (accrochée à une rampe). Vous vous apercevez que descendre un escalier est infiniment plus douloureux que de le monter. L'ennui est que, une fois que vous avez grimpé un étage, il faut repousser la tentation de le redescendre par l'ascenseur.

Vous découvrez au fond d'un couloir une toute petite chambre avec un tout petit lit dans lequel se trouve une toutc petite vieille. Elle a l'air de s'ennuyer malgré ses yeux encore vifs. Vous décidez d'engager la conversation pour la distraire (quand vous étiez petite, chez votre grand-mère, on appelait ça « faire une bonne action » et on avait alors le droit, le soir, après la prière, de piquer un trou avec une épingle dans une image pieuse. Non, vous n'aviez pas **le droit**, mais **le devoir** d'un trou par jour).

— Bonjour, madame, vous ne vous ennuyez pas trop ? Cette pluie incessante qui nous empêche de sortir est insupportable, lui dites-vous en souriant aimablement.

— Ah, ce n'est pas la pluie qui m'agace le plus, répond la vieillc dame, c'est le lit. Il est beaucoup trop petit pour deux !

— Comment ça, « deux » ?

Cette centenaire a encore un mari avec lequel elle coïte ?

Jusqu'ici, vous n'y aviez jamais vraiment

pensé, mais il vous semblait que les flammes érotiques devaient s'éteindre doucement vers... euh... enfin, à la saison de l'âge... même du grand âge... Comment savoir ? Difficile de demander à votre tante Hélène (quatre-vingt-dix-huit ans) : « Tantine, jusqu'à quel âge tu as baisé ?... »

Vous considérez cette douairière avec un œil nouveau, et vous vous apercevez qu'elle rit (son bridge de travers), et même, vous fait un clin d'œil. Ah bon ! c'est une marrante : peut-être vous renseignera-t-elle ?

— Si vous vous ennuyez autant, je peux vous raconter ma vie, annonce-t-elle. J'ai vécu un vrai roman.

— Je serais ravie, dites-vous en attrapant une chaise que vous tirez jusqu'à son lit.

— Je suis née dans un train à vapeur dans les Andes, entame alors l'arrière-arrière-grand-mère.

Chouette ! Ça commence bien ! C'est alors que l'infirmière-chef paraît sur le seuil de la porte que, bêtement, vous avez laissée ouverte.

— Madame de Buron ! Je vous ai cherchée **partout**. Le professeur voudrait vous voir.

— Maintenant ?

— Enfin, depuis une demi-heure.

Vous soupirez intérieurement.

— Je croyais qu'il était malade, lui aussi ?

— Exact, mais, lui, ça ne l'empêche pas de travailler.

Et vlan !

— Bon, j'arrive.

— Je vous raconterai la suite demain, dit gentiment la centenaire des Andes.
— J'y compte bien. Merci !

Le professeur Castelmaure est assis de travers à son bureau, ses poignets toujours bandés. Toujours aussi beau et gentil.
— Comment va votre genou ? demande-t-il en souriant.
— Bien, répondez-vous avec le même sourire. Et vos poignets ?
Vous n'allez quand même pas vous plaindre à un autre blessé ! Si, un petit peu quand même. C'est son boulot à lui de vous réconforter, non ?
— Le seul problème, c'est la pluie. Je ne peux pas aller trotter dans votre merveilleux parc, sous ces incessantes averses, et je ne fais pas de progrès côté marche.
— Quand vous serez rentrée chez vous, demandez à votre mari de vous acheter un vélo d'appartement et faites une demi-heure de bicyclette tous les jours. Cela remplacera très bien mon parc.
— En moins joli, remarquez-vous.
Curieusement, le professeur ne sourit pas devant le compliment. Il prend un air soucieux en tapotant le tas de papiers devant lui.
— J'ai reçu votre dossier complet du professeur Rocher. Il vous a fait faire une scintigraphie myocardique sous Persantine, n'est-ce pas ?
— Oui, je crois. Mais vous savez, comme tous les malades, je ne comprends pas la langue médicale. Le jeune docteur que j'ai vu après

une journée de piqûres, d'examens, de prises de sang, et quatre heures d'attente, m'a dit que « tout était parfait ! ».

Le professeur hoche la tête d'un air lassé.

— Ce dont les médecins ont le plus horreur, ce n'est pas de soigner les malades, c'est de leur dire brutalement la vérité toute crue. C'est pour cela que beaucoup mentent.

L'inquiétude vous saisit :

— Ce qui veut dire ?

— Que vous avez un petit problème au cœur.

— Petit ou grand ? Moi, je préfère la vérité brutale et toute crue.

— Je ne peux pas vous la dire. Je ne suis pas cardiologue. Mais je vous demande instamment d'aller voir le vôtre en sortant d'ici. Vous en avez un ?

— Oui, le docteur Brunetti, à l'hôpital des Grands Cèdres.

— Je le connais. Il est très bon.

— Ce que je ne comprends pas, c'est que je vais le voir chaque année et tout allait toujours très bien. Et là, brusquement...

— Vous savez, même pour nous, le corps humain recèle encore beaucoup de mystères.

— La vie elle-même est un mystère, dites-vous avec une platitude consternante.

Le professeur Castelmaure vous regarde par-dessus ses lunettes.

— Je vous aime bien mieux quand vous riez.

Il fait semblant de trouver votre humour ravageur... Il se fout de vous, oui !...

— Et vlan !

10

A notre époque moderne, les médecins remplacent les grands prêtres d'Israël. Ce qu'ils disent est sacro-saint.

Vous sortez donc au jour prévu du Centre de Rééducation du Val-d'Alette, et vous rentrez chez vous. Vous commencez à marcher à peu près convenablement, sauf pour descendre les escaliers. Descendre un escalier continue à être une torture. Enfin, presque. (Là, vous exagérez un peu. Surtout que dans votre immeuble, il y a un ascenseur.)

Et, en ex-petite chrétienne obéissante, au lieu de téléphoner à Air France pour retenir une place dans l'avion de Toulouse, vous prenez un rendez-vous

urgent

avec votre cardiologue, à l'hôpital des Grands Cèdres.

— J'ai bien étudié les dossiers de vos trois (TROIS !) médecins, dit calmement le docteur

Brunetti (avec lui, ça fait quatre ! peut-être plus que pour la reine d'Angleterre). Je pense aussi qu'une opération du cœur est nécessaire. Nous allons commencer par une coronographie, naturellement. Vous entrez à l'hôpital un soir de la semaine prochaine. Le lendemain matin je vous fais votre coronographie, et vous repartez chez vous le jour suivant. Si c'est ce que nous pensons, le professeur Alexandre, un très bon chirurgien, spécialiste du cœur, vous opérera quelques jours plus tard.

— C'est quoi, une cronographie ? demandez-vous, méfiante.

— Non ! Co-ro-no-gra-phie, reprend le docteur Brunetti, un peu agacé. Un examen du cœur.

Vous soupirez. Alors que vous vous réjouissiez tant de partir vous reposer à la Micoulette, au moment où les fleurs, les arbres, les vignes commencent à pousser, voilà que votre Grand Conseil Hippocratique décide de vous farfouiller le cœur...

d'urgence

Vous essayez bien de repousser cette intervention inattendue jusqu'en septembre, histoire de passer un agréable été à la campagne avec votre nouvelle petite chatte (toute blanche aux yeux bleus, dite Lola), offerte par votre beau-père n° 3. Rien à faire. Votre Grand Conseil Hippocratique s'y oppose.

Vous ne comprenez toujours pas pourquoi. Aucune explication ne vous est donnée.

Au secours, Molière ! Ils n'ont quand même

pas un besoin pressant d'argent, ces Diafoirus ? De toute façon, ce n'est pas vous qui réglez les frais, mais la Sécurité sociale. Et pour la première fois depuis que vous payez des impôts, c'est-à-dire depuis l'âge de dix-huit ans et demi, vous ne les regrettez pas trop, vos sous.

Vous vous décidez.

— Bon ! Puis-je venir mercredi prochain en quinze ?

— Christine ! crie le cardiologue. Mon agenda, s'il vous plaît ! Et téléphonez au chirurgien, le professeur Alexandre, pour savoir s'il est libre.

Pendant qu'ils s'agitent tous les deux, vous prenez une décision en douce : aller demander son avis à Psy bien-aimé. Bien « qu'il ne soit pas du club », comme il le dit en riant. Et puis vous avez un autre problème à lui soumettre.

La femme de votre cher producteur — qui est mort — était, et est restée, votre amie. Elle a un fils, David, connu malgré sa jeunesse comme un très bon chirurgien du cœur à l'hôpital Cosmopolite (tout beau, presque tout neuf). Il vous a fait dire par sa maman qu'il était prêt à vous opérer « à cœur battant », méthode américaine qui ne nécessite pas l'ouverture du thorax, alors que le célèbre professeur Alexandre, prévu pour vous à l'hôpital des Grands Cèdres, est libre. (Tout le monde est libre le fameux mercredi en quinze. Pas de chance !) Il va vous ouvrir la poitrine en deux... Crac... (méthode dite « à cœur ouvert »), et vous coudre (oui, coudre !) une veine supplémentaire, prélevée dans votre jambe ou quelque chose comme ça... Vous préférez ne pas savoir ! (Allons bon ! Seriez-vous lâche, vous aussi ?)

Bien évidemment, la méthode américaine vous séduit plus. D'un autre côté, l'hôpital Cosmopolite est encore dans un grand désordre. Légionellose dans les tuyaux de douche. Infirmières pas encore habituées. Et surtout, on y a perdu le dossier de votre mari, envoyé par l'ex-hôpital Boucicaut détruit pour cause de saleté et de délabrement, après qu'il eut été sauvagement battu par des flics un 14 Juillet (votre mari, pas l'hôpital Boucicaut), parce qu'il voulait descendre sur les berges de la Seine inspecter ses Bateaux, avant de promener gratuitement, sur le fleuve, des soldats du défilé et leur général.

— Je ne sais pas quoi vous conseiller, dit Psy bien-aimé, mais je connais bien un expert de ce genre de problème.

Il fait un numéro, tombe pile poil sur l'expert et lui explique votre cas. Ecoute. Raccroche en hochant la tête.

— Le docteur Espéraza pense que la méthode américaine est celle de l'avenir, mais qu'il y a cependant, encore, quelques petits problèmes à régler. Il vous conseille, en attendant, l'opération classique.

Le mardi suivant, le Petit Michel vous conduit dans la grosse Mercedes de Ben Bruel à l'hôpital des Grands Cèdres. Vous avez jeté dans votre sac de voyage quelques affaires de toilette, votre plus jolie chemise de nuit, et le dernier livre de votre auteur préféré : Isaac Bashevis Singer (prix Nobel).

Vous êtes à peine installée dans une charmante petite chambre peinte en rose pâle, avec un SEUL lit, que la porte s'ouvre. Une infirmière entre (sans frapper, bien sûr), un rasoir à la main. Oh ! Oh ! on va vous égorger ?

— Non. Juste raser les poils de votre pubis, vous explique-t-elle avec un gentil sourire et en vous tendant un comprimé que vous avalez sans discuter avec un peu d'eau.

Puis elle vous frotte la zigounette et le haut des cuisses avec de la Bétadine (comme toujours rouge-jaune).

— Mais je suis là pour un examen du cœur ! protestez-vous. Et je ne croyais pas que le cœur était là !

Vous montrez votre biribi.

L'infirmière rit.

Mais ne vous donne aucune explication. Et s'en va. Rouvre la porte :

— Mettez la chemise de l'hôpital. On vient vous chercher.

Ah ! Revoilà en effet le bruit que vous connaissez bien : broum-broum... griiisss-grisss..., mais moins grinçant que d'habitude. Ici, c'est un hôpital de luxe ; on doit huiler les roues des chariots.

Deux jeunes brancardiers entrent (sans frapper, bien sûr) et vous montent au bloc où votre cardiologue vous attend dans une longue blouse vert pâle du plus joli effet, et, sur la tête, une ravissante petite toque de la même couleur.

Il vous dit : « Bonjour ! » avec le sourire. Vous bafouillez à votre tour : « ... our !... » Vous commencez à ne plus avoir les idées très nettes.

« On » vous pique à l'aine, entre la cuisse droite et le calibistri. (Curieusement, vous avez l'impression d'être un poulet rôti.) Puis le cardiologue — enfin, il vous semble que c'est lui — vous enfonce dans le trou (de la piqûre), ou dans une veine, ou dans une artère, une minuscule boule au bout d'un long bâtonnet en bois, ou quelque chose comme ça.

Tout va bien, au début. Puis quelque chose bloque.

— Ah, ah ! murmure le cardiologue en essayant de pousser le ballonnet.

Vous vous endormez. Enfin, c'est ce que vous croyez. Il paraît que vous n'avez pas arrêté de bavarder avec l'équipe du bloc — (???). De toute façon, vous vous retrouvez dans votre lit avec le plateau du déjeuner. Tout a l'air très bon. Vous entamez joyeusement un avocat vinaigrette.

Entre le cardiologue en tenue civile. Il vous sourit. Cela vous surprend car, d'habitude, il a l'air plutôt sérieux.

— Bon ! J'ai téléphoné à vos médecins et nous sommes tous d'accord pour une intervention avec trois pontages, mercredi prochain, par le professeur Alexandre. C'est le meilleur chirurgien cardiaque de Paris, et il est extrêmement gentil.

— C'est quoi, trois pontages ?

Le cardiologue perd son sourire. S'il lui faut

donner à chaque malade des rudiments de médecine, quand aura-t-il le temps de...

... Dring... Dring... Dring... Son portable sonne. Il le sort de sa poche et entame une conversation dans le fameux jargon médical que vous ne comprenez pas. Il se lève, sauvé !

— Désolé de vous quitter, mais un patient m'attend d'urgence. N'oubliez pas d'aller voir l'anesthésiste et posez-lui toutes les questions qui vous tracassent.

Bonne idée.

L'anesthésiste est mignon comme tout. Jeune, blond, bouclé, souriant.

— J'ai un problème avec l'anesthésie, lui déclarez-vous avant qu'il ait eu le temps de dire bonjour.

— Ah bon !

— Oui, j'ai plus peur de l'anesthésiste que du chirurgien.

— Mais c'est très bien, ça ! dit-il joyeusement. Il y a tellement de gens qui s'en fichent !

— Ce qui m'exaspère le plus, c'est d'avoir donné longuement la liste des médicaments que me prescrit mon neuropsychiatre à un jeune homme X à l'air vif et intelligent, et de me retrouver au bloc avec une grosse dame Y, inconnue, à cheveux gris, la mine sévère. Si c'est **vous** qui devez m'endormir, je vous demande de me jurer sur la tête de vos enfants que c'est **vous** qui serez là pendant toute l'opération.

— Je n'ai pas d'enfant, rigole l'anesthésiste, mais je vous jure quand même que c'est moi qui veillerai sur vous pendant toute l'intervention.

— Et, auparavant, vous aurez téléphoné à mon Psy bien-aimé, qui y tient beaucoup ?

— Et, avant, j'aurai téléphoné à votre Psy bien-aimé qui y tient beaucoup !

— Merci !

— Non, c'est moi qui vous remercie. Si vous saviez comme c'est agaçant d'être traité par le malade comme le dernier des aides-soignants, alors que notre travail est presque aussi délicat que celui du chirurgien ! Personne ne pense aux temps où il n'y avait pas d'anesthésie et où les chirurgiens devaient scier les jambes des soldats après les avoir simplement bourrés de cognac... quand il y avait du cognac...

Et vous voilà partis tous les deux dans une grande conversation sur l'armée de Napoléon, à la Bérézina.

Vous rentrez chez vous, et vous attendez le Grand Jour de l'Opération.

Tranquillement.

L'hôpital des Cèdres étant considéré comme le plus chic de Paris, vous avez acheté des tas de choses élégantes dont une ravissante robe de chambre en velours rose pâle (très chère) que vous n'avez jamais mise, une liseuse en satin blanc, six chemises de nuit anglaises brodées main (à la pointe du snobisme), des babouches dorées, une mallette de produits de beauté Chanel (au cas où vous auriez envie d'apprendre à vous maquiller), etc. Après tout, au bout de plus d'un an et demi de lit, vous avez bien mérité de vous gâter un peu, non ?

Petite Chérie et Vladimir vous ont offert une fabuleuse canne dénichée à Drouot, en ronce de noyer, avec comme pommeau une tête de bélier en argent (la dot de Petite Chérie a dû y passer !). Ils sont les seuls au courant de votre opération, avec l'Homme, et bien sûr, Muriel, votre chère amie éditrice — qui a dû reculer la sortie de votre prochain livre, mais qui vous a juré le secret —, et Pilar, la gouvernante espagnole qui a soigné votre mère jusqu'à sa mort et dorlote maintenant votre dernier beau-père qui vieillit à son tour.

Et si vous faisiez une folie ? Un collier de perles du plus bel orient comme celui de votre grand-mère. (Tiens ! qui en a hérité ? Ou l'a piqué ? Vous ne l'avez jamais revu autour d'un cou familial.) Idée idiote. Vous ne portez jamais de bijou, excepté la médaille de Notre-Dame-de-Buron, et votre chevalière — mais elle est fausse. C'est vous qui l'avez dessinée pour vous amuser, en mélangeant les armes de vos différentes familles : deux vaches, sur les trois du royaume de Béarn. Ces deux charmantes bêtes représentent pour vous vos deux filles. Vous avez transformé la troisième vache en sanglier, symbole de l'Homme (Ha ! Ha !). Plus l'arbre de Guernica, de la famille d'Etchebarne (basque-espagnole) qui vous rappelle vos chers bois de la Micoulette. Quant à la couronne, vous n'avez jamais su si c'était une couronne de baron ou de marquis, et vous vous en foutez.

De toute façon, vous n'avez absolument pas peur de mourir. Souffrir, oui. Devenir gâteuse, oui. Mais ne pas vous réveiller un matin, quelle importance ?

Bien que...

... Vous aimeriez faire encore tant de choses. De quoi remplir plusieurs vies :

- écrire encore une bonne vingtaine de livres,
- avoir deux ou trois enfants de plus (surtout des garçons),
- être paléontologue et fouiller partout ; trouver d'étranges squelettes,
- tourner de grands films (mieux que Hitchcock),
- devenir Premier ministre (ça barderait !),
- etc., etc., etc., etc.

Vous rêvassez aussi à une huitième vie où vous seriez belle, belle, belle (hélas ! votre père vous a prévenue déjà toute petite : vous ne l'êtes pas), mais bêêêête..., et n'avoir aucun souci dans la tête... Au fond, vous auriez adoré vivre dans un harem.

Vous avez failli... mais ceci est encore une autre histoire.

Bon. Il est temps de partir pour l'hôpital. La voiture vous attend. Zut, vous avez oublié d'acheter une grosse boîte de chocolats pour les infirmières. Vous foncez en face à la Maison des Confiseries. En ressortant vous voyez, devant votre immeuble, un petit attroupement. Que se passe-t-il ?

Palmyra vous aperçoit et se précipite vers vous :

— Ce n'est pas ma faute, Madame ! Ce n'est pas ma faute... La fenêtre était entrouverte et elle l'a ouverte complètement avec sa patte.

— Qui ? Quoi ?

— Lola ! Votre nouvelle petite chatte.

Vous viviez les fenêtres fermées — malgré les cris d'indignation de l'Homme —, terrorisée à l'idée qu'elle se faufile sur le balcon, se glisse à travers les larges volutes en fer forgé, et tombe du quatrième étage dans la rue.

C'est ce qui vient d'arriver.

Lola est morte.

Vous éclatez en sanglots.

— Allons, allons, allons ! Calme-toi ! Tu ne vas pas pleurer pour un chat ! Que dirait ton guerrier de père ? demande la voix de l'Homme.

Du coup, vous essuyez vos larmes.

— J'aime déjà mieux ma petite chatte que les trois quarts de ma famille ! répondez-vous sèchement. Et toi, qu'est-ce que tu fais là ?

— Je suis venu t'accompagner jusqu'à la porte de l'hôpital.

Cette adorable attention vous réchauffe le cœur. Jamais, même au début de votre mariage, votre Adam n'a été aussi gentil. Peut-être devriez-vous vous arranger pour tomber malade de temps en temps ?

Dix minutes plus tard, vos bagages sont dans l'énorme Mercedes de Ben Bruel, y compris le corps de la pauvre petite Lola, entouré d'un plaid, que l'Homme va porter pieusement dans ses bras chez le vétérinaire à côté. Ce dernier sort de sa clinique et vient vous embrasser la main.

— Je sais, c'est dur, mais je vais lui faire un joli enterrement, et je penserai à vous.

Il vous arrive parfois de trouver que les vétérinaires sont plus gentils que certains médecins.

La grosse Mercedes s'arrête devant la porte de l'hôpital des Grands Cèdres. Un portier galonné se précipite pour aider votre époux à sortir vos bagages dignes de la jet-set. Votre Seigneur et Maître vous embrasse.

— Je passerai te voir ce soir.

Vous ne vous doutiez vraiment pas que ce grand dur pouvait être aussi tendre. Cela valait le coup de vous faire opérer, non ?

Vous allez à l'Admission, où vous attend la secrétaire.

Vous sortez votre Carte Vitale, vous vous asseyez, vous farfouillez dans votre sac, et...

... vous éclatez en sanglots.

— Madame de Buron ! s'écrie la secrétaire. Je vous en prie, ne pleurez pas ! L'opération du cœur est devenue maintenant une intervention relativement banale.

— Mais je me fous de votre opération du cœur ! hoquetez-vous. Ma petite chatte vient de tomber de mon balcon du quatrième étage. Elle est morte.

— Ah ! mon Dieu, je comprends tout ! s'exclame à son tour la secrétaire de l'Admission. Cela m'est arrivé aussi il y a trois mois. J'avais un siamois adorable, depuis des années. Il dormait dans mon lit. Vous savez comment on s'attache à ces petites bêtes. Et puis, un jour, le petit garçon de la concierge qui faisait mon ménage l'a lancé par la fenêtre pour jouer. Un taxi l'a écrasé. J'ai mis un mois à m'en remettre (elle se met, elle aussi, à pleurer).

Vous pensez à Melchior.

— J'en ai eu un autre réduit en bouillie sur une petite route de campagne par un salaud de Parigot.

Un médecin passe à côté du bureau et vous voit toutes les deux en larmes.

— Au nom du ciel, que se passe-t-il, Betty ?

Betty devient rouge et s'essuie les yeux.

— C'est ma faute, docteur, dites-vous précipitamment. Je viens de perdre quelqu'un de très cher et je n'ai pas pu m'empêcher de le raconter à Betty. Cela lui a rappelé d'affreux souvenirs.

Tout en parlant, vous sortez rapidement de votre sac la boîte de chocolats. Vous l'ouvrez et la tendez au praticien.

— Avec plaisir ! s'exclame ce dernier. Je suis fou de chocolat ! Et comme je suis aussi pervers, j'interdis à mes malades d'en manger.

La boîte de chocolats vous console.

11

Le lendemain matin, à 8 heures pile, vous êtes de nouveau au bloc. Entièrement barbouillée de jaune-rouge Bétadine (l'infirmière ayant trouvé que vous ne déployiez pas assez de zèle pour vous peindre vous a frottée avec ardeur).

Il y a là un monde fou (près d'une dizaine) de fantômes en vert qui s'agitent, dont certains masqués (peut-être pour que vous ne les reconnaissiez pas ?). D'autres sont coiffés de grands bérets en plastique transparent et aux bords frisottés. Ils portent également d'immenses pantoufles en plastique sur leurs chaussures. Le professeur-chirurgien — qui est venu la veille au soir vous faire une charmante visite — enlève trente secondes son masque blanc pour vous souhaiter la bienvenue.

Vous êtes également entourée et couverte d'une quantité incroyable de matériel médical. Vous avez un tuyau dans la bouche, un autre, en plastique vert, dans le nez (narine gauche), qui aboutit à un verre à dents qui fait glouglou en permanence, une grosse machine reliée à la narine droite, trois perfusions, une sonde rectale, une sonde urinaire, un cathéter dont le flacon, au bout, refuse de s'ouvrir, un drain pleural dont l'enlèvement réclame trois personnes, des agrafes, des pastilles adhésives un peu partout, etc., etc. (bref, dix-sept tuyaux environ).

Un des fantômes verts se penche vers vous et vous fait un clin d'œil. Ah ! il est là, votre gentil anesthésiste. Vous essayez de répondre par un sourire, mais... **plouf !** vous vous êtes endormie. Heureusement pour vous.

Pendant ce temps-là, on vous enlève la veine « saphène » de la jambe droite que le chirurgien va coudre (peut-être même broder ?) pour faire les pontages. Son assistant vous ouvre le thorax (en tirant, à votre avis, de toutes ses forces). Le perfusionniste et son assistante vous arrêtent le cœur (si ! si !), le vident de son sang qui part se balader dans tout le reste de votre corps (avec de l'oxygène), pour être réinjecté ensuite dans votre aorte.

C'est du moins ce que vous avez cru comprendre des explications du gentil anesthésiste quand vous avez osé, quelques jours plus tard, les lui demander...

Cinq heures, cinq heures et demie plus tard (?) vous ouvrez vaguement les yeux. Vous n'êtes plus au bloc. Les fantômes verts ont disparu. Remplacés par l'Homme et Petite Chérie qui, au bout de votre lit, les yeux hagards, le teint blême, vous regardent avec inquiétude. Vous êtes dans la chambre de réanimation (RÉA-SOINS INTENSIFS-N° 1) dont une grande baie vitrée donne sur une immense pièce bourrée, elle, d'internes, d'externes (du moins vous le supposez), d'infirmières, d'infirmiers (tous en blanc et tous agités), de machines diverses, d'ordinateurs, de téléphones, etc., etc.

Et de...

... Palmyra, le nez écrasé contre votre vitre, qui vous contemple, un bouquet de fleurs à la main ! Elle est accompagnée par José, son mari, peintre en bâtiment, qui fait de temps en temps des petits travaux chez vous.

Plus tard, Petite Chérie vous racontera que pour les réanimations après de grosses opérations (vous croyez qu'on dit « lourdes opérations »), une seule visite familiale, en principe d'une seule personne, était admise par jour. L'Homme avait dû batailler ferme pour pouvoir entrer avec Petite Chérie, venue une fois de plus spécialement par avion de la Micoulette. Et pour qu'on le permette aussi à Palmyra (avec son bouquet) qu'il présenta comme votre cousine (la surveillante générale n'aurait jamais laissé passer votre femme de ménage. On est un peu snob, aux Grands Cèdres). Et enfin José, qui avait pris sa journée pour venir vous faire un gros baiser sur la joue. Vous ne l'oublierez jamais.

Vous êtes rattachée à ce bas monde par un goutte-à-goutte de morphine, vous chuchote votre époux. C'est la première fois que vous l'entendez chuchoter, lui qu'on entend gueuler de l'Alma à la Concorde.

— Tu vas bien ? murmure-t-il.

— Oui.

— Tu n'as pas mal ?

— Non.

Après ce fabuleux dialogue digne d'Anouilh, et un tendre et silencieux bisou de Petite Chérie, ils repartent tous les deux sur la pointe des pieds.

Quelques jours passent pendant lesquels la fatigue vous transforme en mollusque. Vous ne bougez pas. Vous ne parlez pas. Vous ne lisez même pas. L'Homme, toujours sur la pointe des pieds, passe vous embrasser tous les soirs. Le cardiologue a renvoyé Petite Chérie à la Micoulette, avec votre Milena adorée qui n'a pas eu le droit d'entrer dans l'hôpital, à votre grande tristesse (trop petite : deux ans et demi).

Vous avez, attaché à votre personne, un charmant tout jeune infirmier qui vous soigne avec ardeur. Vous découvrez que, maintenant, on prend la température d'un malade en lui plongeant un thermomètre dans l'oreille, solution mille fois plus agréable que de vous l'introduire dans le derrière où vous avez toujours eu peur qu'il se casse ! Gabriel vous lave comme un bébé, vous apporte vos repas et, bien sûr, vous donne vos médicaments. Il est aussi muet que vous. Vous n'entendez le son de sa voix que lorsque vous vous mettez à tousser. Il crie alors : « Crachez ! Crachez ! » afin que vous vous débarrassiez des « mucus » qui encombrent, paraît-il, vos poumons. Cela vous fait un mal de chien et vous n'y mettez aucune bonne volonté. Il vous regarde d'un air mécontent. Vous baissez les yeux comme une petite fille. Vous sentez alors qu'il se retient de rire.

Le cardiologue passe tous les matins vous examiner. « Tout va bien ! » assure-t-il.

— Sauf que j'ai une cicatrice en plus, remarquez-vous un peu aigrement.

— Où ça ? demande le cardiologue, fort surpris.

Vous lui montrez le côté de votre jambe droite où serpente la trace d'une suture de la cheville à la cuisse.

— Ah, ce n'est rien ! explique le docteur Brunetti. C'est juste la veine saphène que le chirurgien a prélevée pour les pontages.

— Ah bon, dites-vous d'un ton léger, comme si vous saviez parfaitement ce qu'étaient une veine saphène et un pontage. Mais vous vous jurez intérieurement que, la prochaine fois qu'on vous opérera de n'importe quoi, vous lirez auparavant tous les bouquins de médecine nécessaires.

— Vous crachez bien ? s'inquiète le cardiologue.

— Très bien ! mentez-vous hardiment.

Votre petit infirmier reste impassible. Il ne vous trahit pas. Merci, Gabriel.

— A demain, dit le cardiologue en tournant les talons.

— Bon, maintenant, dit Gabriel, je vais vous laver les cheveux.

Vous restez ébahie :

— Pourquoi ?

— Parce que, demain, vous redescendez dans votre chambre.

Merde d'oie ! Vous étiez si tranquille, en Réa, avec votre gentil petit infirmier !

Le lendemain vous entendez avec tristesse le roulement du brancard qui va vous emporter.

— Au revoir, et merci, Gabriel, dites-vous un peu tristement (avec une pointe de tendresse...). Vous avez été un ange.

— Vous aussi, répond-il sur le même ton.

Quand vous arrivez à votre porte (ouverte) au troisième étage, vous poussez un cri.

— Ce n'est pas ma chambre ! bramez-vous à l'infirmière.

— Je sais, répond-elle froidement, mais nous avons eu besoin d'un lit en urgence, et le vôtre était prêt. Nous avons soigneusement transporté et rangé toutes vos affaires dans l'armoire de la pièce d'à côté. Et refait le lit. Pas de problème.

— La chambre est verte, et pas rose, et j'ai horreur du vert ! grognez-vous. Cela porte malheur.

— Stupide ! gronde l'infirmière, furieuse. Ce sont des blagues de vieille sorcière.

Au moment où vous allez répondre : « Vieille sorcière toi-même ! » (risquant peut-être de vous retrouver dans la rue, à moitié nue sur votre brancard roulant), vous restez la bouche ouverte, les yeux écarquillés : un splendide pot d'orchidées blanches (votre fleur préférée) trône sur votre table avec une petite carte :

« *Meilleure santé, ma Maman chérie. Bisous... Fille Aînée à San Francisco.* »

Vous pensiez qu'elle vous avait oubliée. Non. Moment de bonheur.

Vous retrouvez le rythme de l'hôpital, la dame de la télé, celle du téléphone. Ah, il n'y a pas de vaguemestre, mais une boutique de journaux qui vous montera les vôtres tous les matins.

Les hebdos, eux, n'ont pas changé : ils continuent à se copier les uns les autres. Exemple : en pleine guerre au Moyen-Orient, titre/couverture du *Point* : « Les recettes de la sagesse antique » ; titre du *Nouvel Observateur*, la même semaine : « Le message des grands philosophes ».

Votre mari continue à vous donner deux coups de téléphone par jour, et à passer pour une petite visite entre 18 et 19 heures. Il se plaint d'être harcelé de coups de téléphone de votre famille, dc Palmyra (votre femme de ménage) qui veut des nouvelles tous les jours, de vos copines. Il fait désormais répondre par son secrétaire cambodgien, Li Taï, ou sa secrétaire numéro deux, dite « Crocodile », qu'il est en réunion, mais que votre santé s'améliore tous les jours. Et que les visites vous sont toujours interdites.

— Tu ne veux vraiment pas leur parler toi-même ? vous demande-t-il un jour, plaintif.

— Non, s'il te plaît ! Tu connais le proverbe :

« Quand vous avez des ennuis, les gens vous appellent surtout pour avoir des détails *. »

Edgar a raison. Vous êtes encore trop fatiguée pour papoter sans cesse, même avec vos copines préférées, car elles en profitent pour vous raconter par le menu leurs propres opérations. Avec les hommes, c'est pire : eux, ils ont frôlé la mort ! Les seules personnes avec lesquelles vous êtes heureuse de bavarder quelques minutes, c'est Petite Chérie qui vous appelle de la Micoulette, et Milena qui termine la conversation par sa phrase préférée : « Grand-mère, je t'aime ! » C'est ça le bon côté d'être malade : on se sent aimé (par quelques-uns !...).

Par contre, vous recevez de nombreuses visites locales : le cardiologue (longues discussions sur Montaigne), le chirurgien (il vous apporte un livre qu'il a écrit sur la médecine du cœur et vous le dédicace affectueusement. Vous en faites autant de votre côté avec votre dernier bouquin *Chéri, tu m'écoutes ? Alors répète ce que je viens de dire*). Votre cher anesthésiste passe vous raconter une phrase drôle tous les matins :

— « La morphine a été inventée pour que les médecins dorment tranquilles » (Sacha Guitry).

— « La grippe, ça dure une semaine si on la soigne, et huit jours si on ne fait rien » (Raymond Devos).

— « Une femme met au moins quarante-cinq ans pour arriver à la trentaine » (Oscar Wilde).

— « Que voulez-vous donc faire, Monsieur,

* Edgar Watson Home.

de quatre médecins ? N'est-ce pas assez d'un pour tuer une personne ? » (Molière).

— « Médecine : s'en moquer quand on se porte bien. Gaieté vaut mieux que médecine » (Voltaire).

Vous vous apercevrez plus tard que toutes ces petites phrases drolatiques, votre cher anesthésiste les pique dans *Le Petit Dictionnaire de l'humour médical* (Jacques Frexinos, le Cherche-Midi éditeur) mais, pour l'instant, ça vous met de bonne humeur.

Un matin, entre dans votre chambre un inconnu. Il comprend à votre air surpris que vous ne vous souvenez pas de lui.

— Je suis le médecin qui, après qu'on vous a ouvert le thorax avec peut-être un peu trop de force — cela ne m'étonnerait pas que vous ayez un ligament ou un nerf étiré (Oh ! là, là, là, là !) —, ai sorti votre cœur de votre poitrine, et l'ai mis dans une boîte où le sang coulait avec de l'oxygène (?) — et je ne le quittais pas des yeux, votre cher cœur.

Quel cauchemar !

Dieu merci, personne ne vous avait prévenue ! Vous vous seriez enfuie en Alaska, chez les Inuit ! Comme vous l'avez déjà dit, votre charmant anesthésiste vous l'expliquera plus tard, clairement... et gaiement.

Visite de la diététicienne. Merde ! Ça y est : vous allez devoir recommencer un régime ! Et le suivre jusqu'à votre mort : poisson, poisson, poisson (matin et soir si possible). Or, vous détestez le poisson, sauf quand il vient d'être pêché tout frais dans une mer sans fioul et pas non plus dans un bassin d'élevage — et qu'on vous le grille sur la plage. Ensuite des salades, des salades, des salades ! D'accord pour l'été, mais en hiver ? Des légumes... des légumes... des légumes... Or, vous, ce que vous aimez, ce sont les pâtes avec beaucoup de beurre (interdit), plein de gruyère râpé (interdit), et de la sauce tomate (un petit peu, si vous y tenez vraiment). Les choux vous sont déjà défendus par votre doctoresse de médecine interne (vous ne savez pas pourquoi, et surtout vous ne voulez pas le savoir : vous craignez qu'il y ait une opération au bout). Evitez la viande rouge (allons bon !). Trente grammes de fromage seulement par jour. Trente grammes ! Une bouchée, quoi, alors que vous adorez tous les fromages. Pas de salière à table (ça, vous vous en fichez), et deux verres de vin rouge maximum par jour (trois verres pour les hommes : c'est sûrement un docteur qui a concocté ce régime !). Et votre blanquette de Limoux, qu'allez-vous en faire ?

Les jours passent et vous commencez à vous ennuyer ferme. Ce qui ne vous était jamais arrivé de votre vie. Vous êtes comme une chiffe molle. Vous n'avez même pas le courage de déplier un journal et de lire un article. Vous ne souffrez pratiquement pas parce que l'hôpital des Grands Cèdres n'est pas chiche en antalgiques (ce qui n'est pas le cas partout). Juste un point douloureux : la cicatrice de votre genou droit qui vous empêche de vous agenouiller. Ce qui vous est égal, parce que vous ne dites plus de prières à genoux depuis très, très longtemps... depuis qu'un affreux petit curé vous a chassée de son église après que vous lui avez confessé une IVG. Psy bien-aimé vous relatera qu'il a soigné des bonnes sœurs qui, à force de prier à genoux, avaient des « bursites » (cloques douloureuses). Monsieur Louis vous apprendra à son tour que cette cuisante brûlure s'appelle, à la campagne, « la maladie des carreleurs ». Vous racontez tout cela à votre cher anesthésiste que cela amuse beaucoup.

Petit passe-temps : un kiné passe tous les jours pendant un quart d'heure vous apprendre à bien respirer. Il vous engueule (poliment) parce que vous avez tendance à vous tromper : « Voyons, madame de Buron, vous devez INSPIRER le plus longtemps possible, en GONFLANT le ventre à fond, puis EXPIRER en RENTRANT le ventre le plus possible. Encore ! Encore ! Encore ! Mais non !!! Pas le contraire !... »

Mais, le soir, agacement : une patiente, de l'autre côté du couloir, laisse sa porte ouverte en face de la vôtre et gueule à tue-tête au téléphone... à votre avis en arabe.

Bien que votre porte à vous soit fermée, elle vous empêche de vous endormir. Pour vous distraire, vous vous imaginez qu'il s'agit de la mère de Ben Laden. Vous avez lu dans le journal qu'elle venait tous les ans à l'hôpital des Grands Cèdres voir votre cardiologue. Comme vous avez beaucoup aimé, quand vous étiez plus jeune, lire des polars, à la grande fureur de l'Homme qui méprisait ce genre de littérature (vous étiez obligée de dissimuler, le soir, au lit, dans *Paris Match*, celui que vous parcouriez), vous décidez d'écrire, comme prochain livre, un roman policier. Avec mercenaires, espion anglais, enlèvement de la dame Ben Laden par un groupe de Tchétchènes cagoulés, etc., etc. Hélas, au lieu de vous endormir, cela vous excite l'esprit.

Vous sonnez rageusement l'infirmière qui arrive à toute vitesse.

— Vous avez un problème ?

— Oui. Cette bonne femme qui braille, en face, est-ce que c'est Mme Ben Laden ?

— Ah ! désolée, mais nous n'avons pas le droit de dévoiler le nom de nos malades.

— D'accord ! Du reste, Ben Laden ou pas Ben Laden, je m'en fous ! Je voudrais simplement **DORMIR**. Pouvez-vous le lui dire et fermer sa porte ? Sinon je vais l'étouffer avec son oreiller !

— Bien, madame.

Vous n'avez plus jamais entendu la vraie ou fausse Mme Ben Laden.

Peut-être son fils l'avait-il fait déménager dans la nuit par une troupe de talibans ?

Enfin, ça y est ! L'infirmière vous annonce que vous partez le lendemain matin pour la Clinique de Rééducation et de Réadaptation fonctionnelle cardiovasculaire de Vaucresson. Vous commencez à avoir l'habitude. Automatiquement :

1) Vous téléphonez à Petit Michel pour qu'il vienne empiler vos livres dans le gros sac à matelot.

2) Vous rangez tous vos vêtements et affaires

diverses dans la valise Vuitton. Elle vous aura coûté cher, mais se sera montrée bien utile.

3) Vous téléphonez à l'Homme pour le prévenir.

4) Vous téléphonez à Petite Chérie pour la prévenir.

Le lendemain matin :

- Vous êtes prête à l'heure. Petit Michel aussi.
- Les brancardiers également.
- Vous embrassez les infirmières et les remerciez.
- Vous passez payer les journaux, le téléphone, les timbres, etc. (Pas remboursés par la Séc. soc.)
- Les Gros Bras vous installent dans l'ambulance qui a, elle aussi, la maladie des amortisseurs.
- Vous traversez Paris en ambulance pour la énième fois. Vous regrettez de n'avoir pas également une escorte de motards. C'est ça qui serait chic ! Vous y penserez à la prochaine opération.
- Arrivée à la Clinique de Rééducation et de Réadaptation fonctionnelle cardiovasculaire de Vaucresson ; aucune infirmière ne vous attend. Tant pis, mais vous craignez que ce ne soit pas la grande classe.
- Vous passez à l'Admission remplir les papiers administratifs que vous connaissez par cœur. Vous pourriez les remplir les yeux fermés.
- L'infirmière arrive enfin et vous emmène dans votre chambre. Aujourd'hui elle est

minuscule, mais n'a qu'un SEUL lit, une grande armoire, un fauteuil, et une fenêtre-balcon qui donne sur le parc. Epatant ! Sauf que, pour aller et venir, il faut se déplacer en biais (votre colosse de mari, lui, est obligé d'enjamber le lit).

La salle de bains ne comporte qu'un lavabo et, tiens ! un bidet (vous n'aviez pas vu de bidet depuis des années). Et une demi-douche...

Sur le mur de la chambre, épinglé, votre planning.

Réveil (par bruyante équipe de jour) : 6 heures. Température (toujours par l'oreille ?). Pouls. Tension. Et pour vous : piqûre anticoagulante qui vous laisse un gros point bleu sur le ventre (vous repartirez dans cinq semaines le ventre entièrement bleu).

Petit déjeuner : 8 heures et demie. (Ça, c'est dur : vous crevez de faim entre 6 heures et 8 heures et demie, mais vous n'osez pas faire acheter par votre cher mari, à cause de votre régime, un gros paquet de petites madeleines que vous aimez énormément.)

9 heures : vélo.

10 heures : exercices respiratoires en groupe, dans toutes les positions, y compris devant une glace. La kiné en chef vous félicite pour le travail que vous avez accompli à l'hôpital des Grands Cèdres.

De temps en temps, quand elle a le temps, vous avez droit à un massage par une kiné qui bégaie. Cela vous est égal : elle masse très bien quand même, mais vous ne comprenez jamais quand, et si, elle va vous prendre.

12 heures : déjeuner dans une immense salle à manger, par tables de six. Poisson, poisson, poisson, toujours dégoulinants d'eau tiède. Seul intérêt : un inlassable sujet de conversation.

Vous découvrez qu'un de vos voisins de table habite à une cinquantaine de kilomètres de la Micoulette. Cris de joie. Echange adresses et numéros de téléphone. Vous vous jurez mutuellement de vous rendre visite pendant l'été. Vous ne le ferez ni l'un ni l'autre.

14 h 30 : gym.

Vous détestez toujours autant la gym. D'autant plus que certains mouvements ne conviennent pas à votre genou avec prothèse. Dans ces cas-là, vous avez la permission de vous asseoir sur une chaise. Les autres patients vous regardent avec haine.

16 heures : vous revenez dans votre chambre (à propos, votre voisin de la chambre à droite de la vôtre s'appelle Napoléon, et dans la chambre à votre gauche, il y a Mme Laetitia je ne sais quoi... Bref, les Corses ont commencé à envahir la France).

Quand vous rentrez dans votrc cellule, vous y trouvez un verre de jus d'orange, mais pas de petit biscuit comme chez les autres malades. Vous devez suivre sérieusement votre régime. Dur. Dur. Dur.

Vous y découvrez souvent l'Homme qui dort dans le fauteuil. (Serait-ce lui qui a mangé votre petit biscuit ?... hein ?)

Vous vous allongez doucement sur votre lit, et vous jetez un coup d'œil sur vos papiers de l'hôpital, ou plutôt de vos hôpitaux. Vous en avez un énorme dossier. Bien sûr, vous n'y comprenez pas grand-chose, et votre bonhomme (quand il se réveille) non plus. Cependant certaines remarques vous surprennent. Par exemple : « Les scellements sont tous faits en os de bonne qualité. » Bravo ! Mais quels os ? Des rondelles de gigot de mouton ? Ou de tibia de porc sauvage ? Vous vous amusez beaucoup. Vous interrogez une infirmière venue vous apporter vos médicaments. Elle ne sait pas. N'a jamais fait partie d'une équipe chirurgicale. A cependant entendu parler de bouchons inoxydables collés sur le cœur, et faisant clic-clic-clic à chaque respiration (???).

Une deuxième infirmière passe la tête. « Mais pas du tout ! s'exclame-t-elle, il s'agit de vos os à vous qui sont de très bonne qualité. »

Bonne nouvelle !

Enfin arrive la deuxième et grande bonne nouvelle : vous rentrez demain à la maison.

12

Après des mois passés dans des chambres d'hôpital ou de clinique, vous vous sentez comme une étrangère chez vous. Vous ne savez pas trop quoi faire. A part boitiller en rond.

Ah ! Une idée !

Vous n'avez pas été au cinéma depuis deux ans et demi ! Deux ans et demi, c'est fou !

Vous téléphonez à votre petit-fils Attila (qui n'a pas voulu partir à San Francisco et habite chez ses grands-parents paternels) pour savoir s'il est libre pour vous accompagner aux Champs-Elysées voir un film qui vous tente : *Une hirondelle a fait le printemps*, avec Michel Serrault et Mathilde Seigner.

Vous aimez beaucoup, malgré quelques petits détails agaçants : Mathilde Seigner conduisant un tracteur avec l'habileté d'un coureur automobile. Et, une fois de plus, le coup de la valise vide.

Dans votre campagne à vous, pas une femme

aux alentours ne conduit un tracteur. Surtout **maquillée** !!!

Ensuite, détail que l'on retrouve dans presque tous les films sauf les vôtres : l'acteur, ou l'actrice, qui porte des bagages supposés remplis de toutes ses affaires, les balance comme des sacs de plumes, et le public sent bien qu'il n'y a rien dedans. Cela vous énerve considérablement, et vous envoyez le petit stagiaire piquer en douce tous les vêtements des acteurs au vestiaire pour les entasser dans les valises.

Vous avez aussi une autre manie : regarder le générique de fin jusqu'au bout du bout, pour voir si vous connaissez encore quelqu'un qui travaille dans le cinéma. Non. Sont-ils tous à la retraite ?... ou en train de jardiner ?...

Vous êtes donc, avec Attila, les derniers à sortir de la salle de cinéma en bavardant tranquillement.

Clac ! un crétin éteint la lumière, et vous voilà dans le noir. Vous ne voyez pas les deux dernières marches qui manquent à la sortie et le trou devant la porte vitrée. Vous tombez dedans (le trou) en tourbillonnant, et **bing** ! vous vous tapez violemment la tête contre le mur. Vous constaterez plus tard qu'un énorme melon a poussé sur votre crâne.

Attila vous aide à vous relever et à sortir de votre trou. Aïe ! Aïe ! Aïe ! Fortes douleurs dans le pied et la cheville gauches. Un petit attroupement se forme autour de vous, dont un grand Noir avec un pin's accroché à son col : « Sécurité ». Tout le monde s'enquiert gentiment : « Souffrez-vous beaucoup ? », mais personne n'aide Attila à vous tirer de là. Le grand Noir « Sécurité » vous empêche même de retourner en gémissant et en boitant à la caisse pour appeler un taxi par téléphone.

— C'est interdit, explique-t-il.

Vous froncez les sourcils et parlez de procès à la maison Gaumont. Du coup, il vous indique de simplement traverser la rue et d'aller au petit hôtel d'en face. La standardiste a l'habitude, elle téléphonera pour vous, explique-t-il. Pour trente francs. OK ! ce n'est pas la mer à boire.

Vous traversez donc la rue, accrochée à Attila, et vous expliquez votre problème à la standardiste.

— Ça va être long, prévient celle-ci. Aujourd'hui, il y a un monde fou.

Votre petit-fils court à la station, mais, en effet, trouver un taxi à 18 heures aux Champs, c'est pratiquement impossible. Il revient, tout penaud. Votre cheville vous fait de plus en plus mal. Enfin, le taxi réclamé par l'hôtel arrive ; vous y allez le plus vite possible avant que quelqu'un ne vous le pique.

— Et mes trente francs ! s'exclame la standardiste.

Vous lui en filez cinquante (pas de monnaie), et vous vous glissez tant bien que mal dans la vieille Peugeot sur laquelle Attila a posé une main impérative. Vous dites bonjour au chauffeur. Il ne répond pas. Il a une gueule très désagréable. Tant pis. Vous vous faites porter à une des pharmacies place des Ternes.

— Attendez-nous cinq minutes, ditcs-vous au

chauffeur hargneux, qui grommelle entre ses dents. (Tiens ! Il a un turban...)

Vous entrez en boitant, accrochée à Attila, chez M. Ollier, votre pharmacien, et vous lui montrez votre cheville qui a encore gonflé. M. Ollier lève les bras au ciel.

— Ma pauvre amie, je ne peux rien pour vous. Allez d'abord, et immédiatement, vous faire radiographier dans la clinique qui est dans la petite rue derrière.

OK. Vous remontez dans le taxi avec Attila. Las ! la petite rue derrière est entièrement bouchée par un énorme camion suivi d'une foule de voitures qui klaxonnent furieusement. Au bout d'un quart d'heure, vous envoyez Attila aux nouvelles. Le chauffeur de l'énorme véhicule, avec un large sourire, lui assure : « J'ai fini, je pars. »

Faux. Attente d'un autre quart d'heure. Vous renvoyez Attila avertir le chauffeur du camion qu'il y a une blessée très grave (vous) dans un des taxis, et que, s'il pouvait faire juste le tour du pâté de maisons pour vous laisser passer, vous allez d'urgence à l'hôpital.

— Mais je pars, je pars ! dit le chauffeur, joyeusement.

Tu parles ! Attente d'un autre quart d'heure. Ça... c'est Paris !...

Enfin le camion démarre, votre taxi aussi, qui s'arrête deux cents mètres plus loin devant la clinique. Fureur des voitures qui vous suivaient et se remettent à klaxonner. Vous entendez même de vilaines insultes.

Attila entre en courant à la Clinique des Marguerites, et en ressort aussi vite.

— Mamie, ils peuvent te faire une radio, mais pas la lire. Le docteur est parti.

A quoi vous servirait une radio que vous ne pourriez pas lire ?

Que faire ? Retourner, une fois de plus, aux Urgences de l'hôpital des Grands Cèdres ? Oui. Ce n'est pas trop loin et ils vous connaissent. Vous l'indiquez à votre taliban (c'est vrai qu'il a l'air d'un taliban, avec sa barbe et son turban).

— Savez-vous où c'est ?

Il ne daigne pas répondre mais démarre dans la bonne direction. C'est déjà ça. Vous avez pris un Pygmée, une fois : il ignorait où se trouvait Notre-Dame.

Arrivée aux Urgences de l'hôpital des Grands Cèdres. Votre cheville a encore enflé : elle est énorme. Et, curieusement, il y a une grosse pomme verte, style Granny, qui a poussé sur le gonflement noir de la cheville. Impossible de mettre le pied par terre. Heureusement, le Noir chargé de la « Sécurité » vous aperçoit et pousse jusqu'à votre taxi un fauteuil roulant. Attila, enchanté — il s'amuse comme un fou —, vous roule jusqu'à l'Admission. Dieu merci, vous avez, dans votre sac, votre Carte Vitale avec vos papiers d'identité. Re-attente.

La directrice des Urgences arrive voir ce que vous avez. Celle-ci n'est pas allemande mais anglaise. Très ladylike. A sa demande un Gros Bras vient vous chercher pour vous emmener jusqu'à la Radiologie. Vous entrez dans la petite cabine habituelle et, tant bien que mal, vous enlevez votre pantalon, vos collants et votre chaussure droite (vous avez déjà enlevé votre chaussure gauche dans le taxi tellement elle vous serrait). Etant sortie pour aller au cinéma et non à l'hôpital, vous n'avez pas mis votre jolie culotte en dentelle destinée aux médecins. Justement, le manipulateur (de radiologie) ouvre la porte de votre placard.

— Eh bien ! vous en avez une belle entorse ! Je vais vous aider.

Vous vous accrochez à son cou, et il vous porte à moitié jusqu'à l'énorme machine de radio où il vous fait prendre des positions extravagantes.

Puis, petit dialogue rituel :

— Ne vous rhabillez pas, attendez que je vérifie si les radios sont bonnes.

Il s'en va. Re-attente.

Revient.

— C'est grave ? demandez-vous.

— Le docteur vous le dira.

Encore cette réponse classique qui vous énerve toujours. Et, aujourd'hui, vous inquiète : quand pourrez-vous partir à la Micoulette ?

Re-attente. Interdiction à Attila de vous re-rouler jusqu'en bas. Il vous faut attendre le Gros Bras. Le voici ! Il vous redescend aux Urgences, avec Attila, dépité.

Au secrétariat, re-re-attente.

Apparition de la directrice anglaise des Urgences avec vos radios.

— Bon, l'orthopédiste est parti, il avait faim. Il est 20 heures, vous savez. Mais il vous attend après-demain à 17 heures.

— Pourquoi pas demain ?

— Il ne vient pas travailler demain.

— Ah bon ! Mais, en attendant, puis-je savoir ce que j'ai ?

— Une très belle foulure à la cheville gauche, et le bout de la malléole cassé.

— C'est quoi, la malléole ?

— Un os du péroné.

Vous regardez la doctoresse, les yeux écarquillés.

— Je croyais que le périnée était un organe... heu... génital.

— Non. Vous confondez le pérOné qui est un des os de la jambe, et le pérInée, formé par le plancher pelvien et... (la doctoresse regarde sa montre)... je crains qu'il ne soit un peu tard pour vous enseigner la médecine.

— Ma grand-mère m'a appris à mettre des ventouses, lui apprenez-vous fièrement.

— Oh ! *Very good !* dit la lady anglaise.

Vous éclatez de rire toutes les deux et elle se sauve.

Attila vous roule jusqu'au bureau des Admissions où vous demandez poliment à la secrétaire de vous appeler un taxi.

Au dix-septième appel, elle s'exclame :

— Il n'y a pas un seul taxi de libre dans ce putain de quartier !

— J'ai un abonnement G7 prioritaire.

Elle appelle les G7 prioritaires. Il n'y a pas non plus dans ce « putain de quartier » un seul G7 prioritaire. Vous commencez à regretter le calme des cliniques. Que faire ?

D'autant plus que vous commencez à être affreusement fatiguée.

Louer deux chambres pour Attila et vous ? Cela vous coûtera horriblement cher et mettra toute la famille en émoi (Attila à l'hôpital !!! Pour vous, on a l'habitude).

— On est idiots ! dites-vous à Attila. Appelle Vladimir sur son portable et dis-lui de venir nous chercher avec sa Mercedes.

Dix minutes plus tard (a-t-il volé au-dessus des embouteillages ?), Vladimir est là avec ses deux mètres de haut (plus cheveux bouclés) et sa carrure de footballeur. Vous essayez de vous lever de votre fauteuil roulant. Mais vous avez trop mal. Vous retombez assise. Sans hésiter, Vladimir sort de sa voiture et vient vous soulever comme un nouveau-né pour vous asseoir sur le siège du passager.

— Vous êtes drôlement costaud, remarquez-vous, admirative.

— Bah ! ma mère pèse vingt kilos de plus que vous.

Arrivé dans votre appart, il vous porte jusque sur votre lit. Vous avalez votre cher Di-Antalvic (deux comprimés), et poussez un gros soupir.

Saloperie de cinéma ! Saloperie de Paris ! Saloperie de vie !

Le surlendemain, vous retournez à l'hôpital des Grands Cèdres où vous avez rendez-vous avec l'orthopédiste. Examen cheville et radio. Il hoche la tête.

— Bon, ce n'est pas trop grave. Six semaines

de repos complet, avec une attelle que vous porterez nuit et jour.

Mais vous avez appris à traduire le langage médical. Six semaines = en réalité douze semaines = trois mois. Vous allez être obligée de drôlement retarder votre départ pour la campagne.

Le médecin contemple songeusement vos pieds. Merde ! Qu'est-ce qu'il y a encore ?

— Vous avez de très vilaines pantoufles, déclare-t-il.

Vous restez suffoquée.

C'est vrai, mais jamais un docteur ne vous a fait ce genre de remarque.

Mécontente, vous expliquez :

— Mon pied gauche ne rentrait dans aucune de mes chaussures, et j'ai pris les charentaises de mon mari.

Vous ajoutez, toujours furieuse :

— Mais si je ne dois pas enlever mon attelle pendant toutes ces semaines, comment je fais pour prendre mon bain ?

C'est au tour de votre orthopédiste d'avoir l'air stupéfait.

Vous en concluez donc que les patientes de l'hôpital des Grands Cèdres ne se lavent jamais les pieds. Mais le médecin a l'air passionné par le problème de vos tatanes. Il insiste :

— Vous pouvez acheter une paire de mocassins, taille 46... que vous donnerez à votre mari quand vous aurez fini votre traitement.

— Mais il chausse du 44 !

(Quand vous raconterez cette petite anecdote à votre cher médecin-affectueusement-traitant, il rira beaucoup et suggérera : « Il doit avoir une famille dans la chaussure ! »)

Prochain rendez-vous avec l'orthopédiste dans quinze jours.

13

Treize jours plus tard, vous êtes allongée sur votre canapé, en train de regarder la télé, et vous attendez l'Homme qui, toujours adorable, va vous apporter votre dîner chinois, acheté chez le traiteur. Vous caressez tendrement votre nouvelle petite chatte : Nini.

Votre cheville gauche a bien dégonflé, vous n'en souffrez plus beaucoup, grâce à votre cher Di-Antalvic, et vous attendez que le temps passe.

Vous êtes bien propre (même les pieds), grâce à une copine à qui ce genre de petit accident est aussi arrivé et qui vous a téléphoné un truc pour vous laver : prendre deux sacs-poubelle que vous ficelez sous les genoux. Grâce à quoi vous pouvez prendre plusieurs positions dans votre baignoire pour vous nettoyer sans mouiller votre attelle et votre pansement.

Brusquement, votre petite Nini bondit du canapé sur la longue table noire posée devant, et casse un de vos objets préférés : l'œuf à pattes !

Vous poussez un cri mi-désespoir, mi-fureur — ce qui fait fuir Nini dans le fond de l'appartement... Vous vous levez d'un bond... et retombez à plat ventre sur la table. Le dessus de votre pied droit heurte le bord de la table.

Ouille ! Ouille ! Ouille !

Sacrée douleur aux doigts du pied droit. Oui, DROIT. PAS LE GAUCHE (lui, il a déjà une entorse et le bout de la malléole cassé).

Bref, vous n'avez plus de pieds.

Vous rampez vous recoucher sur le canapé.

L'Homme arrive avec le dîner chinois, pousse une gueulante qui ameute tout le quartier quand il apprend votre nouvelle chute et vous propose de vous emmener sur-le-champ aux Urgences de l'hôpital des Grands Cèdres pour une énième radio.

Vous refusez.

Vous préférez rester couchée encore deux jours, sans bouger vos pieds, avec votre cher Di-Antalvic, et vous rendre à la consultation prévue mais deux heures en avance pour la nouvelle radio du pied DROIT.

Quand elle vous voit entrer, à tout petits pas, avec vos béquilles ressorties de l'armoire, la secrétaire des Urgences s'exclame :

— Encore vous !

— Oui ! dites-vous gaiement. Je me suis cassé le deuxième pied. Heureusement que je n'en ai pas quatre ou cinq !

— Mais c'est affolant !

— Absolument ! Je me demande si je ne vais pas prendre une chambre à demeure ici !

Elle rit et appelle un Gros Bras avec un fauteuil roulant pour vous emmener à la Radiologie. L'équipe est déjà là.

— Encore vous ! s'écrie à son tour le radiologue.

Radios. Salle d'attente ; votre orthopédiste n'est pas encore là. Mais déjà des clients. Zut ! Enfin, le médecin-qui-n'aime-pas-les-charentaises-de-votre-cher-mari arrive ; avec un grand sourire, vous levez deux doigts de la main droite. L'orthopédiste — ô surprise ! — répond par un grand éclat de rire et s'écrie :

— Je sais ! Les deux pieds, maintenant ! Tout l'hôpital est au courant...

Et — deuxième surprise — il vient vers vous, empoigne votre fauteuil roulant, et vous emmène lui-même dans son bureau. Du coup, ébahis, sa secrétaire et les patients qui attendaient avant vous n'osent rien dire.

Le docteur attrape vos radios et les examine soigneusement sur le « négatoscope ».

— Tout est presque parfait, finit-il par avouer. *Pied gauche* : l'entorse est bien dégonflée et le bout de la malléole recollé. Je ne vous l'avais pas dit (tiens donc !), mais je craignais qu'il ne se recolle pas, ou de travers. *Pied droit* : les quatre métatarses sont cassés net au bout des orteils. Pour le pouce, c'est plus douteux.

Sachant désormais que les médecins ont horreur de vous donner des leçons médicales, vous vous gardez bien de lui demander ce qu'est un (ou une) métatarse. Vous regarderez tout à l'heure chez vous, dans les trois Larousse de la Médecine que vous avez fini par faire acheter (et transporter) par le Petit Michel, ainsi qu'un énorme Vidal et une Encyclopédie usuelle médicale de chez Flammarion...

— Ce qu'il y a d'ennuyeux avec vos fractures des métatarses, reprend votre praticien, c'est qu'il n'y a rien à faire !

— Comment ça : « ... il n'y a rien à faire » ? Je vais boiter toute ma vie ?

— Non ! Il faut simplement attendre que cela se recolle tout seul. Oh, je peux vous mettre un petit bandage en gaze si cela vous fait plaisir, mais c'est tout.

— Comme vous voulez, dites-vous poliment, mais... ce qui m'intéresse, c'est de savoir dans combien de temps je pourrai prendre l'avion pour Toulouse !

— Oh... trois semaines (décidément, c'est son chiffre). Mais à une condition...

(Allons bon ! Quoi ?)

— Je préférerais que vous ne voyagiez pas seule.

— Le cardiologue me l'a déjà dit.

— Parfait !

Non ! Pas parfait !... Qui va vous accompagner ? L'Homme a un travail fou, comme d'habitude (un mariage juif, avec rabbins qui vont s'installer dans la cuisine et se disputer avec le chef tourangeau des Bateaux-Mouches). Petite Chérie est de nouveau enceinte et, brusquement, le gynéco ne veut pas qu'elle voyage (?). En plus, elle est à la Micoulette. Palmyra n'a jamais pris l'avion et a peur. Reste Vladimir qui n'a pas l'air emballé de convoyer sa belle-mère (en plus il a une fête coréenne sur les bras).

Les mains jointes, vous suppliez votre mari de donner deux ou trois jours de vacances à son gendre pour voir sa femme et sa fille... L'Homme, attendri, dit « oui ». Le sourire revient chez Vladimir. Démerdassek, les Coréens !

Les trois semaines passent. Arrive le moment béni où vous pouvez prendre l'avion pour Toulouse et la Micoulette. Enfin ! Enfin ! Enfin !

Vladimir emprunte une énorme malle militaire à un copain, dans laquelle vous entassez des bagages pour sept mois (vêtements d'hiver, vêtements d'été, papiers, notes, chéquiers, factures — en retard, comme d'habitude —, deux ans et demi de lettres — adorables — de lectrices et lecteurs à qui vous n'avez pas eu le courage de répondre, contrairement à votre habitude, etc., etc.).

Vous, vous transportez seulement votre sac à main où le cardiologue Brunetti a glissé des comprimés de Trinitrine au cas où votre cœur flancherait (charmante perspective), une petite besace grillagée où Nini dort, et qui remplace merveilleusement l'énorme cage en fer dans laquelle vous aviez l'habitude de trimballer vos chats..., vous prenez aussi vos béquilles (on ne sait jamais)...

A Orly, vous vérifiez que vous avez bien vos billets qu'Air France vous a envoyés par la poste : le vôtre, celui de Vladimir et celui de Nini (qui a augmenté une fois de plus). Vladimir enregistre votre montagne de bagages.

L'agente commerciale ne sait pas ce qu'elle doit regarder : votre fourbi ou les deux mètres de Vladimir, plus les boucles.

Première chose à faire avant d'aller prendre un café au lait avec un croissant (gâterie interdite mais qui est votre récompense à l'aéroport).

Vous posez sur le tapis roulant de la douane votre sac à main, la besace de Nini que vous prenez dans vos bras, vos béquilles,

Vous passez sous le portique,

HURLEMENT STRIDENT.

Tous les douaniers sursautent, et le vôtre se jette sur vous.

— Qu'est-ce que vous transportez ?

— Moi ? Rien !

— Comment ça, rien ?! Ce n'est pas votre trousseau de clefs qui déclenche tout ce bruit, quand même, ni votre chat !

— Non ! Non ! j'oubliais ! On m'a opérée du **genou droit : j'ai une prothèse totale en métal dans le genou droit**.

— Bon. Restez là. J'appelle les flics pour vérifier. Allez vous asseoir sur le tabouret là-bas. Ils seront là dans cinq minutes.

Vingt minutes plus tard, une petite fliquesse noire, en uniforme, le calot de travers, toute mince (elle doit faire du 36, ce qui vous énerve parce que, vous, faites du... Non ! vous ne le direz pas !), arrive en tortillant du derrière. Vous lui expliquez votre opération.

— Il faut que je vous examine.

— Ici ?!

— Non, Pas ici. Il n'y a pas de cabine. Il faut retraverser tout Orly.

— ... et louper l'avion ! Pas question !

A toute vitesse, vous descendez votre pantalon de jogging et vos collants noirs. Heureusement vous portez des pulls d'homme très longs qui cachent à moitié votre petite culotte, ce qui n'empêche pas un attroupement où certains mecs rigolent (Crétins ! Vous n'avez jamais vu de « Petit Bateau » pour dames ?).

La fliquesse regarde votre grosse cicatrice au milieu du genou :

— Hé ben... dites donc ! ma pauvre ! C'était une belle opération ! (*Au douanier* :) Ça va, elle peut passer.

Le douanier, dont l'œil reste cependant soupçonneux, vous fait un signe de la main. Vous courez en boitant, et en vous rhabillant, rattraper Vladimir (qui était passé comme une fleur, malgré son passeport en cyrillique), et vous réussissez à grimper dans l'avion avant la remontée de la passerelle.

Quelques mois plus tard.

Toulouse-Paris

Re-navette, cette fois-ci accompagnée de Petite Chérie et Milena pour « monter » dans la capitale faire les courses de Noël. Il n'y a pas grand-chose comme magasins, dans votre campagne.

Vous avez téléphoné à la secrétaire du célèbre professeur Rocher qui vous a immédiatement envoyé, à la Micoulette, un certificat signé par lui, attestant qu'il vous a opérée d'une prothèse totale et que vous avez dans le genou droit deux gros morceaux de fer qui peuvent déclencher les portiques dans les aéroports.

Vous faites passer d'abord Petite Chérie et Milena, ensuite, comme d'habitude, vous posez sur le tapis roulant votre sac à main (toujours avec Trinitrine), la besace de Nini que vous prenez dans vos bras, et vos béquilles. Vous passez sous le portique tout en tendant au douanier un papier qu'il regarde d'un air méfiant.

HURLEMENT STRIDENT.

— C'est quoi, ça ? demande le douanier (il n'a pas l'air de savoir bien lire).

— Le certificat du chirurgien qui m'a opérée et mis du fer dans mon genou droit.

— Ça compte pas !

— Comment ça « ça compte pas » ?

— C'est pas officiel. C'est p'têt' vous qui l'avez signé, ce truc.

— C'est ça ! Sur du papier « Assistance publique » !

— Vous l'avez p'têt' volé. Il faut que j'appelle les flics. C'est le règlement de Vigipirate.

Vous levez les yeux au ciel et désignez Petite Chérie et Milena qui vous attendent, d'un air inquiet, après le portique. Votre fille cadette commence à avoir le visage crispé car tout a été prévu pour que Vladimir soit à l'aéroport d'Orly à l'arrivée de votre avion et qu'il vous emmène toutes les trois chez vous.

Vous dites avec indignation au douanier :

— Regardez ! Voilà ma fille et ma petite-fille. Je ne vais quand même pas faire sauter un avion où il y a ma fille chérie et ma petite-fille adorée !

— Moi, j'en sais rien. Tout ce que je sais, c'est que je dois appeler les flics.

Vous avez une idée : puisqu'il faut à cet idiot un papier officiel, peut-être la prochaine fois pourriez-vous avoir le certificat du professeur Rocher « officialisé » au commissariat de police de son quartier avec tampons divers, paraphes, signatures, etc., etc.

— Ça marchera pas ! dit le douanier, agacé par votre obstination.

— ... et émargé par le ministre de l'Intérieur lui-même. Je le connais (gros mensonge).

— Bah ! il change tout le temps ! Je ne sais même pas qui c'est en ce moment.

Vous non plus, du reste.

Au moment où vous vous demandez si vous n'allez pas étrangler cet âne têtu, arrive une deuxième petite fliquesse noire, semblable à la première, en uniforme : mince (toujours du 36 !), souriante, le petit calot de travers sur la tête, tortillant du derrière, etc., etc. Heureusement, vous vous êtes méfiée (pas assez, mais un petit peu quand même) et vous n'avez pas mis, cette fois-ci, vos collants. Juste des socquettes. Vous remontez la jambe droite de votre large pantalon gris et, d'un geste emphatique, désignez votre épaisse cicatrice au genou (Dieu ! qu'elle est laide !).

— Parfait ! dit la petite créature noire. Et ça, qu'est-ce que c'est ?

Elle pointe son index vers la longue balafre sur le côté de la jambe, que vous aviez complètement oubliée.

— Une veine qu'on m'a enlevée parce que j'ai été aussi opérée du cœur : trois pontages. Vous voulez voir ?

Vous commencez à déboutonner votre robe de laine. Apparaît entre vos seins l'énorme cicatrice rouge foncé dont le cardiologue — de mauvaise humeur, ce jour-là — vous a prévenue qu'elle ne partirait jamais !

— Mon Dieu, quelle horreur ! s'exclame gentiment la jeune représentante de la police. Pauvre madame ! Passez vite !

Vous réussissez à pénétrer dans l'avion toutes les trois au moment où l'on commence à relever la passerelle.

— Je ne prendrai plus jamais l'avion avec toi ! râle Petite Chérie.

— Je te remercie pour ta tendresse, dites-vous, pincée.

Paris-Toulouse

Cette fois-ci, c'est encore votre gendre qui vous accompagne. Il passe le premier, toujours comme une fleur, avec son passeport monténégrin en cyrillique. (Ça vous agace !) Aucun problème pour lui...

Pour vous, si.

HURLEMENT STRIDENT HABITUEL DU PORTIQUE.

Suivant le conseil de vos médecins (sauf du professeur Rocher à qui vous n'avez pas osé avouer que les douaniers ne le connaissaient pas), vous avez pris, en plus de son certificat pour l'opération de votre genou droit, une immense radio où apparaissent deux magnifiques morceaux de fer bien taillés.

— C'est quoi, ça ? demande immédiatement le douanier.

— La radio d'une prothèse totale du genou droit opéré par le **grand** professeur Rocher.

— Je sais pas lire les radios. C'est pas mon boulot ! grogne le douanier.

Il s'adresse à une dame assez forte, en uniforme, qui semble être la chef douanière (ou la douanière chef ?).

— Pouvez-vous, s'il vous plaît, appeler la police, nous avons une suspecte.

La dame murmure quelque chose dans le portable qu'elle tient devant sa bouche, et remarque votre air fatigué.

— La police arrive tout de suite, dit-elle aimablement. Mais, en attendant, asseyez-vous.

Et elle vous montre l'éternel tabouret dans le coin.

Les flics, vous le savez déjà, ont la même notion du temps que la plupart des médecins : cinq minutes d'attente = vingt minutes. La colère commence à vous envahir : vous vous levez, vous vous dirigez vers la chef douanière (ou douanière chef, ou chéfesse, etc., etc.).

— Je sors de six mois d'hôpital, après avoir subi une lourde opération au genou droit (vous agitez nerveusement votre immense radio sous le nez de la dame) — trois heures d'anesthésie —, puis une deuxième lourde opération du cœur avec trois pontages — cinq heures d'anesthésie. Vous voulez voir ?

Vous commencez à déboutonner cette fois le monumental manteau de fourrure que vous portez (en ragondin, acheté en solde au Canada), avec lequel vous comptez vous promener dans les bois de la Micoulette où il neige. La douanière chef vous fait signe d'arrêter.

— Non, non. Ne vous déshabillez pas. Je vous crois, mais le règlement de Vigipirate est très strict.

Vous continuez :

— ... j'ai, en plus, à la jambe gauche, une entorse avec un bout de la malléole cassé. Et les quatre doigts du pied droit fracturés, eux aussi, aux métatarses. Je pars en convalescence. J'aurais pu réclamer une ambulance pour traverser la France. Je ne l'ai pas fait pour économiser sur le budget de la Sécurité sociale parce que je suis une bonne Française.

C'est vrai : vous aimez la France de tout votre cœur... (pas toujours les Français).

— Gérard ! crie la chef douanière à un jeune homme, va dire au commandant de l'avion Paris-Toulouse qu'il attende mon signal pour décoller : j'ai une suspecte, ici !

— Vous avez raison, dites-vous, furieuse, j'ai absolument l'air d'une Mamie terroriste.

— Ah ! vous voilà enfin ! grogne la chéfesse à

une grosse fliquesse blanche (tiens, il y a une Blanche !) qui arrive en soufflant.

— J'avais tout un groupe de jeunes Tunisiens avec de gros souliers très bizarres.

La grosse fliquesse vous emmène dans une cabine en toile qui vient d'être installée et commence à papouiller votre énorme manteau de fourrure.

— Non !!! clamez-vous, ma prothèse n'est pas dans mon manteau de ragondin (vous pointez un doigt exaspéré vers votre genou). Elle est LÀ ! dans mon genou droit.

— Mais je me fous de votre prothèse ! répond, énervée à son tour, la policière. C'est votre énorme manteau de fourrure qui m'intéresse. Il y a peut-être de la ferraille dedans.

— De la ferraille ! Pour quoi faire ?

— Parce que vous tirez encore avec des revolvers en plastique ?

Soudain, la fonctionnaire éclate de rire.

— Bon, ça va. Courez prendre votre avion, mais la prochaine fois que vous achèterez un manteau de fourrure en solde au Canada sans le déclarer, cousez mieux l'étiquette « Révillon » que vous avez décousue sur un autre vêtement.

Vous éclatez de rire à votre tour, et foncez récupérer Vladimir qui a gardé ses deux mètres de haut et son calme imperturbable slave.

Vous êtes accueillie (dans l'avion) par deux cent cinquante paires d'yeux, remplis de haine, des passagers qui ont déjà une demi-heure de retard à cause de vous, « la Mamie terroriste ».

<u>NOËL 2001</u>. *La Micoulette*

Petite Chérie, Milena et l'Homme, arrivés la veille en voiture, ont tout préparé pour la fête. Quelques petits changements dans la tradition. Désormais, le réveillon (toujours à 19 h 30) se passera chez votre fille cadette. Elle fait bien la cuisine, elle. Vous, on le sait, vous arrivez à peine à cuire un œuf à la coque. Il y a des guirlandes électriques dans toute la maison, et surtout sur le genévrier que Monsieur Louis a coupé (il n'y a pas de sapins chez vous). Tout le monde, habillé dans ses vêtements les plus élégants, s'agite avec ses paquets-cadeaux. Attention à les mettre sur la bonne pantoufle ! Quant à vous, vous êtes toute en noir, pour faire plaisir à votre Seigneur et Maître.

Léger incident. Ce dernier porte ce jour-là — et ce jour-là seulement — son smoking de jeune homme que Clémentine a bien repassé. Et tous les ans, depuis que vous êtes mariés, il vous fait remarquer à voix très haute — pour que tout le monde en profite — qu'il lui va toujours (le smoking) et que, donc, il n'a pas pris un gramme depuis ses trente ans. Ha !... Ha !... Cris de félicitations générales. Hélas, cette année, le pantalon ne ferme plus. Manque cinq centimètres. Votre époux est effondré. Vous l'embrassez en lui glissant encore une fois dans l'oreille : « Moi, je te trouve plus beau que quand je t'ai épousé » (c'est toujours vrai).

Petite Chérie déniche une immense épingle de nourrice pour rafistoler le pantalon de son Papa, et un grand bruit de papier froissé vous apprend que Vladimir a commencé à ouvrir les cadeaux. Votre cher gendre est un fou de cadeaux, et surtout de les ouvrir, ou plutôt d'arracher les papiers et de lacérer les cartons.

— Non, Vladimir ! criez-vous. D'abord le verre de blanquette de Limoux.

L'Homme sert à la ronde — même Milena. On boit. On s'embrasse. On crie. Et tout le monde se jette sur ses paquets.

Quelque chose vous tracasse depuis votre arrivée. Vous avez commandé par correspondance, à L'Honnête-Homme, un mois plus tôt, de longs ciseaux spéciaux pour couper les ongles des pieds de votre cher mari. Il est incapable de le faire lui-même — surtout qu'ils sont affreusement durs —, et il vous demande toujours de lui rendre ce petit service. Que vous détestez. Mais vous sentez qu'il aime être traité comme un pacha par sa propre femme.

Un jour, dans un catalogue par correspondance, vous découvrez les fameux ciseaux et, hop, vous envoyez la commande et les sous. Et tout à l'heure, en arrivant, vous avez trouvé un immense carton de L'Honnête-Homme. Pourquoi diable un si grand carton pour juste une paire de ciseaux ?

— Tu es sûre qu'il n'y avait rien d'autre ? chuchotez-vous à votre fille.

— Non. Cela m'a surprise, mais j'ai pensé que tu lui avais commandé aussi une veste de chasse.

— Tu sais bien qu'il déteste la chasse.

Heureusement, anxieuse comme vous l'êtes, vous avez acheté un deuxième cadeau : un énorme livre, *Six Mille Fleurs* (l'Homme adore les fleurs, et quand il se plaint de son travail qu'il prétend trop lourd pour son âge, vous lui suggérez de changer de boulot et de devenir fleuriste). Pour l'instant, il dépiaute son immense carton de L'Honnête-Homme où il y a...

RIEN

Après un moment de surprise générale, votre cher époux dit gaiement :

— Qui m'a fait cette jolie surprise ?

— C'est moi ! avouez-vous honteusement. Mais il était supposé y avoir dans ce paquet des ciseaux à ongles des pieds pour toi.

— Tu veux dire que L'Honnête-Homme était supposé envoyer une paire de ciseaux à ongles des pieds dans cette énorme boîte ?

— ... Ben... oui... Ils ont dû se tromper et oublier. Je suis désolée.

— T'en fais pas, Titine. Ce n'est pas grave. Il y en a dans toutes les pharmacies (c'est faux, vous avez déjà cherché). Et puis je vois sous ce curieux carton un magnifique livre de fleurs...

— Je propose qu'on passe au foie gras, dit Petite Chérie pour vous tirer d'affaire.

Le foie gras est en effet délicieux. L'Homme a apporté une bouteille de beychevelle. Ensuite, au menu, il y a un tendre gigot de marcassin offert par les chasseurs pour vous remercier de les laisser courir dans vos bois. Malgré l'opposition farouche de l'Homme (qui adore, néanmoins, manger le marcassin des « bandits »). Vous raconterez cela une autre fois. Avec le gigot de marcassin, il y a des cèpes pour tout le monde, sauf pour vous qui adorez les marrons, et le traiteur n'oublie jamais de vous en préparer une énorme portion. Puis vient un splendide gâteau au chocolat, en l'honneur de Vladimir, fou de chocolat — comme tout le monde, du reste. Vous avez donc commandé un gâteau pour dix, alors que vous n'êtes que cinq, et il n'en reste pas une miette.

C'est très bon. C'est très gai. C'est très tendre. Tout le monde échange des bisous, et on va se coucher (21 h 30).

Parce que...

Le lendemain matin, 25 décembre, tout le monde part.

Sauf vous.

Petite Chérie, Vladimir et Milena roulent à toute vitesse vers le Monténégro pour y fêter le Noël orthodoxe et passer quelques jours avec les parents de Vladimir (« baba » * Mila et « deda » ** Mirko). L'Homme fonce vers Paris retrouver ses Bateaux-Mouches dont il ne peut se séparer plus d'une journée (deux à la rigueur). Vous, vous restez là, à vous promener tranquillement dans votre énorme manteau de ragondin, à écouter le merveilleux silence de l'hiver. Vous allez également dans votre bureau (ex-bergerie 300 moutons) dont vous êtes si fière, et vous vous apercevez que Monsieur Louis a rajouté sur la petite murette qui bordait votre escalier, et responsable de votre chute qui vous a pris deux ans et demi de votre vie, une très jolie balustrade en chêne sculptée par le menuisier espagnol (qui vit dans une cabane, le

* Baba = grand-mère en serbe.
** Deda = grand-père en serbe.

long d'un ruisseau qui lui fournit également son électricité). Vous remerciez et félicitez les deux hommes.

— C'est ce que je voulais faire quand j'ai bâti l'escalier, vous explique Monsieur Louis, mais M. Verru, l'ami architecte de votre mari, n'a jamais voulu. Parisien, tête de chien.

L'Homme téléphone de temps en temps pour savoir si vous avez bien dormi. Vous répondez : « Oui, merveilleusement, et toi ? » Lui aussi. Bon, vous raccrochez tous les deux après cet intéressant dialogue.

Le soir du 31 décembre, le téléphone sonne vers 22 h 30. Tiens ! qui cela peut-il être ? Tous vos amis savent qu'après 20 h 30, fin des informations, vous êtes généralement couchée. Peut-être est-ce Attila, votre chouchou ? Quand il avait dix ans, il venait passer le 31 décembre avec vous à la Micoulette. A minuit, vous buviez tous les deux un peu de blanquette de Limoux et vous dansiez sur la musique de la télévision. Ce souvenir est resté un secret joyeux entre vous deux.

Non, ce n'est pas Attila, mais un ami de votre époux qui, à votre stupéfaction, vient vous demander des nouvelles de votre santé et vous souhaiter « Bonne Année ». Vous en restez comme deux ronds de flan. Puis vous vous rappelez que c'est un ancien député. Du coup, vous lui racontez vos problèmes avec les douaniers des aéroports et lui demandez quoi faire.

— C'est tout simple, répond-il. Vous réunissez une commission de trois chirurgiens à la préfecture de police de Paris. Vous leur montrez votre radio et le certificat du professeur Rocher, ils vous tatouillent le genou et vous délivrent un laissez-passer OFFICIEL, et vous n'aurez plus jamais de problème.

— Formidable ! vous écriez-vous. Merci du conseil, et « Bonne Année » pour vous aussi.

En raccrochant, vous vous demandez si vous êtes assez connue pour arriver à réunir trois chirurgiens, le même jour, à la même heure, à la préfecture de police de Paris. Non. Sûrement pas ! A Carcassonne, alors ? Il n'y a pas trois chirurgiens. Et si vous demandiez conseil aux flics de l'aéroport ?

Le 2 janvier, vous téléphonez au directeur de la police de l'aéroport de Blagnac. On vous passe successivement une demi-douzaine de flics à qui vous expliquez votre cas et vos problèmes. Ils ont l'air tous surpris, sauf le dernier.

— Vous tombez bien, répond une voix caverneuse. Depuis ce matin, le contrôle des passagers n'est plus confié aux douaniers, mais aux agents de sécurité d'une société privée, la *Securitas*. Ils sont habilités à vous fouiller, à vous palper, lorsque le portique sonne. Naturellement, ils restent sous notre contrôle, et s'il y a un grave problème, ils nous appellent. Mais vous ne perdez pas votre temps à attendre qu'un policier vienne de l'autre côté de l'aéroport.

— Formidable ! vous exclamez-vous.

Vous remerciez chaleureusement votre interlocuteur et lui souhaitez bonne année.

Toulouse-Paris

Le 5 janvier, vous décidez de rentrer (seule) à Paris le 12 janvier 2002, par la navette de 9 h 45, Toulouse-Paris. Monsieur Louis vous conduira à l'aéroport avec votre chère Golf une heure à l'avance, ce qui vous permettra enfin de prendre paisiblement un café au lait avec un croissant, en lisant le journal du jour. Vous réservez deux places par téléphone (une pour vous, l'autre pour Nini). Vous attrapez sous la table numéro 3 de votre bureau votre très vieux sac Vuitton, bourré comme toujours avec vos chéquiers, vos factures, des lettres auxquelles vous n'avez pas eu le temps de répondre, bref, votre fourbi habituel, mais **surtout**, **surtout, le manuscrit de votre prochain livre**.

Et pour rire un peu, le grand carton de L'Honnête-Homme avec les ciseaux à ongles de l'Homme.

Arrivée Blagnac. Au revoir et merci à Monsieur Louis. Enregistrement comme d'habitude. Portique douane et

HURLEMENT STRIDENT HABITUEL.

L'agent de *Securitas* est bien là. Hourra ! vous n'aurez pas une demi-heure à attendre. Vous devez avouer qu'il ressemble à n'importe quel douanier. Vous lui montrez certificat et radio. « C'est moi, la Mamie terroriste », dites-vous en rigolant.

Il vous papouille tout de même.

Hoche la tête, tranquille et souriant.

— Vous pouvez y aller.

A ce moment précis, une voix féminine crie :

— Qui transporte des ciseaux longs pour ongles de pieds dans un grand carton ?

Silence général.

— C'est moi, avouez-vous d'une petite voix tremblotante.

Maudits ciseaux, vous les aviez complètement oubliés ! Ils sont arrivés le 27 décembre, et vous les rapportez pour les donner à l'Homme et lui faire sa petite toilette des ongles qu'il aime tant.

— C'est complètement interdit, les limes, les couteaux, les cutters, les ciseaux, etc.

Surgit la dame de la sécurité.

Qui brandit vos ciseaux.

— Je ne savais pas. C'est un cadeau pour mon mari, plaidez-vous.

— Vous devriez le savoir, dit sévèrement l'agente de sécurité. Vous avez deux solutions : soit vous retournez à l'embarquement pour que l'on mette vos ciseaux dans son carton, en soute. Là, vous avez le droit de transporter des ciseaux. Cela prendra un peu de temps et vous serez obligée de prendre la navette suivante (... et vous trouverez à l'arrivée à Orly un mari fort grognon de vous avoir attendue une heure, à moins qu'il ne soit carrément parti)... Soit, continue l'agente de sécurité numéro 1, je jette vos ciseaux dans ce panier, là, et vous pourrez garder votre gros sac avec vous.

Vous réfléchissez rapidement. D'un côté vous

vous êtes donné un mal de chien pour obtenir ces ciseaux. D'un autre côté, vous ne vous séparez jamais de votre sac de voyage depuis qu'Air France en ayant égaré un a mis six mois à le retrouver à Tokyo, alors que vous l'attendiez à Mexico (sans maillot de bain). Et dans celui que vous transportez aujourd'hui, il y a le manuscrit de votre prochain livre. Si Air France le perd, vous aurez droit à UN AN de travail supplémentaire !!!

— Jetez les ciseaux ! commandez-vous d'une voix amère aux agents de la sécurité.

Dans la foule qui attend les passagers de Toulouse, vous voyez immédiatement deux colosses de deux mètres : votre mari et votre gendre.

— Bonne année et bonne santé ! crient-ils tous les deux ensemble. Et l'Homme de votre Vie vous tend un petit paquet.

— Tiens ! voilà les ciseaux que tu voulais m'offrir.

Vous éclatez de rire tous les trois.

Rire
aide
à guérir.

Impression réalisée sur Presse Offset par

BRODARD & TAUPIN
GROUPE CPI

22493 – La Flèche (Sarthe), le 17-03-2004
Dépôt légal : mars 2004

POCKET – 12, avenue d'Italie - 75627 Paris Cedex 13
Tél. : 01.44.16.05.00

Imprimé en France